JN011071

コーパスで学ぶ
日本語学

日本語の歴史

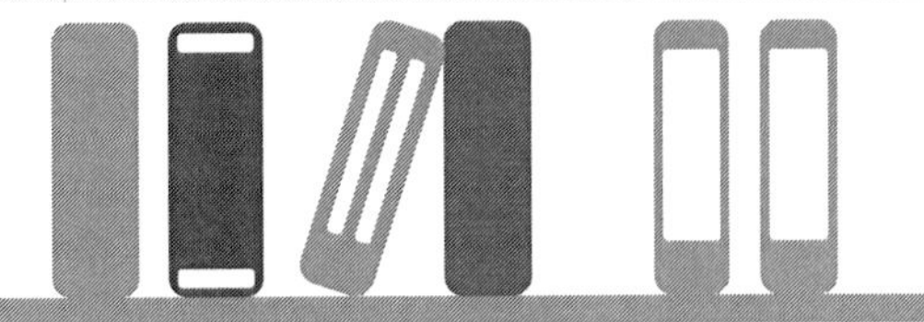

[編] 田中牧郎

[著] 田中牧郎　鴻野知暁　須永哲矢
池上　尚　渡辺由貴　市村太郎

朝倉書店

編　者

田中牧郎	明治大学国際日本学部 教授

著　者（執筆順）

田中牧郎	明治大学国際日本学部 教授	（第1章、第7章、付録）
鴻野知暁	東京大学大学院人文社会系研究科 助教	（第2章）
須永哲矢	昭和女子大学人間文化学部 准教授	（第3章）
池上　尚	埼玉大学教育学部 准教授	（第4章）
渡辺由貴	名古屋女子大学文学部 講師	（第5章）
市村太郎	常葉大学教育学部 准教授	（第6章）

（）内は担当章

まえがき

2000年ごろから作られ始めた日本語のコーパスは、今や、書き言葉、話し言葉、方言、学習言語など、現代日本語の諸相をとらえることができる多彩なコーパスに展開し、それらを用いることで、日本語学も大きく進展してきている。過去の日本語を対象とした国立国語研究所編『日本語歴史コーパス』は、平安時代を皮切りに、2009年から開発に着手されてきたが、ここへ来て、奈良時代から明治・大正時代までがつながり、コーパスだけで、日本語の歴史がたどれるようになってきた。本書は、この『日本語歴史コーパス』を使って、奈良時代から明治・大正時代までの日本語の歴史を調べていく。

日本語の歴史を学ぶには、各時代の日本語の特徴を知る必要があるが、そのためには、多種多様な古典の文章から、言葉の使用例を取り出して観察することが求められる。その作業には膨大な手間がかかるため、日本語の歴史について書かれたこれまでの本では、その作業を、あらかじめ編著者が行って、本の中に並べてしまっていた。それに対して、本書では、過去の言葉の使用例を取り出して並べるところから、読者自身がコーパスを使って行うことになる。その作業を自らが行うことによって、日本語の歴史の研究の現場に身を置いて様々な思考をめぐらすことができる。

本書は、大学・大学院における、日本語の歴史の授業の教科書・参考書として使われることを想定して作られているが、日本語の歴史について、自ら学ぼうとする人にも、役立つ内容になっている。読者には、コーパスによって日本語の歴史について調査・分析する方法に習熟し、日本語の歴史について考える面白さを存分に味わっていただければ幸いである。

なお、本書は、国立国語研究所共同研究プロジェクト「通時コーパスの設計」(2009～2015年度、リーダー：近藤泰弘、田中牧郎)、「通時コーパスの構築と日本語史研究の新展開」(2016～2021年度、リーダー：小木曽智信）の成果の一部であり、各章の著者は、これらのプロジェクトで、コーパスの構築や研究に携わってきた研究者である。

2020年4月

編者　田中牧郎

『日本語歴史コーパス』について

本書が扱う、国立国語研究所編『日本語歴史コーパス』は、日本語の歴史に関心のある人であれば、誰でもこれを使って調査や研究を行うことができるように、一般に無料公開されている。ただ、著作権などの取り決めがあるので、利用申請を行う必要がある。申請は、次のサイトから行うことができる。

国立国語研究所『日本語歴史コーパス』
https://pj.ninjal.ac.jp/corpus_center/chj/

『日本語歴史コーパス』は、2012年から公開が始まり、現在も構築が続けられており、今後も随時データが増補され、仕様も改訂されていく予定である。

本書は、2018～2019年に執筆を行ったため、その時点のデータと仕様に基づいている。そのため、読者が、『日本語歴史コーパス』を利用する際には、そのデータや仕様が、本書の内容と違う場合があるかもしれない。『日本語歴史コーパス』の最新の情報は、上記のサイトの説明を参照してほしい。

このサイトでは、コーパス構築の考え方、コーパスの仕様についての説明文書や規程集、研究文献リストなど、有益で詳細な情報が提供されている。また、このコーパス利用ツールである「中納言」の利用マニュアル等、コーパスを使うための関連情報へのリンクも豊富である。読者には、本書を読みながら、随時、このサイトを参照していただくよう、お願いする。

目　　次

演習のヒント

第２章から第７章に掲載している「演習」については、取り組みにあたってのヒントを特設サイトで提供しています。

http://www.asakura.co.jp/books/isbn/978-4-254-51654-8/

第 1 章 コーパスでとらえる日本語の歴史

田中牧郎

1. 日本語の歴史とは

言葉は変わるものである。時代が変われば、新しい事物や考え方を表す言葉が生まれ、衰退した事物や、価値を失った考え方を表す言葉は衰えていく。使われ続ける言葉でも、その意味や形を変えることがある。

例えば、近年の新語大賞として話題になった、「インスタ映え」(2017 年)、「わかりみ」(2018 年) は、それぞれ、新しい物事や感覚を表す言葉として、近年になって生まれたものである。一方、20 世紀終わりごろによく使われた「インスタントカメラ」(使い捨てのカメラ、または、ポラロイドカメラ) や「ナウい」(流行に乗っている感じ) といった言葉は、指示物があまり使われなくなったり、表す感覚が古びたりして、現在では衰えてしまったものである。

また、「うつくしい」という言葉は、現在では、〈美しい〉様子を表す言葉であるが、平安時代に書かれた『枕草子』の「うつくしきもの」の章段に列挙されるのが「雀の子」や「児(ちご)の顔」であることから、平安時代には、〈可愛い〉様子を表す言葉だったと考えられる。「うつくしい」は、〈可愛い〉から〈美しい〉に意味を変えたのである。そして、現代の「かわいい」という言葉は、古くは「かわゆい」という形であり、さらにさかのぼると「かおはゆい」(顔映ゆい、見ていて顔が赤くなるほど可哀想に感じる意味) という形であった。「かおはゆい」→「かわゆい」→「かわいい」と、形を変えるとともに、〈可哀想〉から〈可愛い〉へと意味を変えたのである。

このように、数年、数十年、数百年以上の、どのような時代幅で見ても、時代が移るにつれて、事物や考え方、感覚などが変わっていくことで、言葉に盛衰が生じ、言葉の意味や形が変化する。そうしたひとつひとつのできごとが集積して、言葉が変遷し、その歴史がつむぎ出されていく。日本語の変化や変遷の実態をとらえ、その要因を考えていくのが、日本語の歴史の研究である。

2. コーパスとは

言葉の変化や変遷をとらえるには、過去の文献資料で確認できる言葉の形や意味を、時代間で比較し、変わっていくさまを分析していく作業が必要になる。日本語で書かれた文献資料が存在するのは、古墳時代からで、奈良時代以後はその種類や数が膨大になる。日本語の歴史を研究するために、膨大な文献資料のどれを選び、その中のどのような言葉に注目すればよいのだろうか。そこで有用になるのが「コーパス」である。コーパスとは、それを調べれば、その言語の実態がわかることを目ざして設計された、言葉のデータベースのことである。研究対象の言語を代表できるように資料が選定され、研究のための検索が行いやすいように、様々な情報が付与されている。

近年、英語をはじめとして、有力な言語の多くで様々なコーパスが構築されており、日本語においても、現代の書き言葉、話し言葉、ウェブ上の言葉など、種々の媒体の言語が代表できるよう、コーパスの構築が進められている。本書のテーマである日本語の歴史を研究するためのコーパスには、国立国語研究所編『日本語歴史コーパス』がある。このコーパスは、日本語の歴史における各時代を代表できる重要な文献資料を選定して、通時的な調査を行うことができるように、構築が進められている。ただし、本稿執筆の2019年現在、日本語の歴史を代表できるところまでには構築が進んでおらず、そのことに留意して注意深く使っていく必要がある。次節では、このコーパスの概要を説明しよう。

3. 『日本語歴史コーパス』とは

3.1 対象の年代と含まれる資料

構築途上の『日本語歴史コーパス』であるが、2019年7月現在で公開済みのものは、表1.1の通りである。奈良時代から明治・大正時代の広範な文献に及ぶ約1,800万語から成っている。『明治・大正編 I 雑誌』が、1,253万語もあって飛び抜けて多いことが目を引き、これは、『日本語歴史コーパス』が計画され

表 1.1　『日本語歴史コーパス』の構成（2019 年 7 月現在）

シリーズ	資料の成立年	主な資料	分量
奈良時代編 I　万葉集	759 年	万葉集	約 10 万語
平安時代編	900-1110 年	竹取物語、源氏物語、大鏡など	約 86 万語
和歌集編	905-1205 年	古今和歌集、新古今和歌集など	約 27 万語
鎌倉時代編 I　説話・随筆	1100-1336 年	今昔物語集、徒然草など	約 95 万語
鎌倉時代編 II　日記・紀行	1223-1306 年	海道記、とはずがたりなど	約 23 万語
室町時代編 I　狂言	1642 年	虎明本狂言集	約 23 万語
室町時代編 II　キリシタン資料	1592-1593 年	天草版平家物語、同伊曾保物語など	約 14 万語
江戸時代編 I　洒落本	1757-1836 年	聖遊廓、花街寿々女など	約 20 万語
江戸時代編 II　人情本	1821-1864 年	比翼連理花迺志満台など	約 41 万語
明治大正編 I　雑誌	1874-1925 年	明六雑誌、太陽、婦人倶楽部など	約 1,253 万語
明治大正編 II　教科書	1904-1947 年	国定読本 I 期～ VI 期など	約 71 万語
明治大正編 III 明治初期口語資料	1869-1879 年	安愚楽鍋、百一新論など	約 20 万語

る以前に、近代語の雑誌コーパスとして独自に構築されていたものを受け継ぐものだからであるが、言葉の変遷を頻度から見ようとする場合は、こうした分量のバランスの悪さには、注意が必要である。

表 1.1 を詳しく見ると、ほかにも、次のようなわかりにくさがあることに気付く。まず、各時代が網羅してあるとはいえ、平安時代の 9 世紀や、鎌倉時代から室町時代の 14 世紀半ばから 16 世紀半ば、江戸時代の 17 世紀から 18 世紀前半など、欠けている年代があることである。これは、このコーパスが構築途上であることによると考えられる。

また、通常は平安時代に含まれる 1100 年成立とされる『今昔物語集』が『鎌倉時代編』に収録されていたり、同じく江戸時代に含まれる 1642 年成立とされる『虎明本狂言集』が『室町時代編』に含まれていたりと、時代区分のわかりにくさもある。説話集である『今昔物語集』は、このジャンルの文献が集中する鎌倉時代にまとめる方が、日本語の歴史をたどりやすいという判断があり、また、狂言台本は、それが書かれた時期よりも、そこに反映している演じられた言葉は前の時代のものだと考えたことによる配置である。

表 1.2 は、日本語の歴史を研究する際によく使われる、主要な文献資料（辞書類や語学書を除く）をまとめたものである。表 1.2 では、『日本語歴史コーパス』に収録済みのものは太字に、今後収録が予定されているものは下線を引いて示した。大きく、話し言葉に近い文体の資料（口語体の資料）と、それから

遠い文体の資料（文語体の資料）に分けてあるが、これについては、**3.2** で説明する。表 1.1 と表 1.2 を比較すると、『日本語歴史コーパス』には、日本語の歴史において重要な資料が、色々と含まれていないこともわかる。

表 1.2　日本語史上の口語体資料と文語体資料（主なもの）

時代	話し言葉に近い文体の資料（口語体資料）		話し言葉から遠い文体の資料（文語体資料）			
	散文	韻文	変体漢文・漢文訓読文	和漢混淆文	擬古文	韻文
奈良	宣命	**和歌、歌謡**	史書、神話、仏教書			
平安	**物語、日記、随筆**	**和歌**	説話、軍記、史書、仏教書、古記録、古文書、訓点資料	史書、仏教書、説話		
鎌倉			史書、仏教書、古記録、古文書、訓点資料	**説話**、軍記	**物語、日記、随筆**	和歌
室町	**狂言、キリシタン資料**、抄物	歌謡	史書、仏教書、学術書、古記録、古文書、訓点資料	説話、軍記、仏教書、学術書、キリシタン資料	御伽草子、日記、随筆、謡曲、歌論書	和歌、連歌
江戸	世話浄瑠璃、**人情本、洒落本**、滑稽本、噺本	歌謡、川柳	史書、仏教書、学術書、古記録、古文書	浮世草子、読本、草双子、学術書	日記、随筆、国学資料	連歌、俳句
明治大正	**滑稽本、啓蒙書**、速記、小説、新聞、**雑誌、教科書**	歌謡、詩		新聞、**雑誌、教科書**、学術書	小説、日記、随筆	短歌、俳句

まず、奈良時代から江戸時代までに非常にたくさん書かれた、日本式の漢文（変体漢文や漢文訓読文）がごっそり欠落している。そして、平安時代以降の、和漢混淆文や擬古文の資料の大部分も、採られていない。これら、各時代に多く書かれ、よく読まれた文語体の資料が含まれていないのは、江戸時代以前の日本語の書き言葉の中心部分を欠いていることになる。さらに、各時代の口語体の資料についても、室町時代の抄物や江戸時代の滑稽本、明治・大正時代の小説など、従来の日本語史研究で盛んに研究されてきたものが未収録になっている。

こうした資料の偏りが、将来的には解消され、日本語の歴史を研究するのに適した資料構成になるよう、慎重な考慮が施されている。近藤（2012）、田中

(2014)、小木曽（2016）などによれば、資料選定にあたっては次のような考え方が採られている。まず、できるだけ話し言葉を反映する度合いの強い資料が優先してある。そして、時代やジャンルによるまとまりを考慮してグルーピングが行われている。さらに、個々の資料の性質をよく吟味してコーパスへの採録の優先順位が決められているのである。

3.2 『日本語歴史コーパス』における口語体資料と文語体資料

『日本語歴史コーパス』が、話し言葉を反映する度合いの強い資料を優先するのは、次のような考え方に基づいている。言語は、「話し言葉」（音声言語）と「書き言葉」（文字言語）とに分けられるが、言語学は話し言葉の方を優先的に対象にする。これは、人間はまず話し言葉を習得し、書き言葉の習得は後発することや、文字を持たない言語があることなどからわかるように、言語というものが、第一義的には話し言葉であるからである。言語の歴史をたどる際にも、まずは、話し言葉の歴史を研究することになるからである。

話し言葉を反映するといっても、書かれて存在している資料はすべて、それ自体は書き言葉である。その書き言葉が、その時代の話し言葉に近いか遠いかによって、「口語体」か「文語体」かに分けられ、この二つは、書き言葉における「文体」の違いということができる。話し言葉の実態は時代ごとに異なることや、書き言葉の文体をどう継承していくかも時代によって様々であることから、口語体や文語体の文献資料の文章は、時代によって多様なものになる。

表1.2によれば、各時代の口語体資料の多くが太字や下線付きになっており、このコーパスにすでに収録されていたり、今後、収録予定になっていることがわかる。一方、文語体の資料は、鎌倉時代と明治・大正時代では収録されているものの、ほかの時代ではほとんど収録されておらず、当面の収録予定も少ないこともわかる。

3.3 文体史の展開と『日本語歴史コーパス』

口語体か文語体かは、文体の観点で日本語の歴史を見るときに重要な区分であるが、日本語の文体史は、この二区分だけでは説明できない、複雑な変遷を示す。

話し言葉だけの言語の時代が長く続いた日本語であったが、古墳時代になると、大陸との交流が盛んになり、漢字によって書かれた中国語（漢文）が日本にもたらされるようになった。漢文はまず日本語に翻訳され、その翻訳が習慣化することで、特定の漢字に特定の日本語の単語（和語）が固定的に対応するようになり、これが「訓」として成立した。その訓を基盤とすることで、和語を漢字で書き表すことができるようになり、それを連ねることで、日本語の文章が書けるようになっていった。このようにして成立した、日本語式に語法や語彙が変容した変体漢文は、石碑、鉄器、青銅器などに刻まれた文章や、大和政権の行政管理に使われた木簡に記された文章などに、広く見られる。

奈良時代になると、伝承の記録を歴史書にまとめた『古事記』がやはり変体漢文で書かれたが、漢文の枠組が強く、そこから当時の日本語の完全な形を復元することは、困難である。その中に含まれる歌謡の部分は、漢字の意味を捨象して音だけを借り用いた万葉仮名で書かれている。同じころ、その万葉仮名を自在に使って、日本固有の和歌を集成した『万葉集』が編まれた。『日本語歴史コーパス』の『奈良時代編』は、その『万葉集』が中心である。

平安時代には、漢文の受容はいっそう盛んになり、漢文を読む際に、その読み方を、漢字を簡略化した表音的な文字を用いて行間に書き入れることが行われ、それが片仮名に発展した。そこから漢字と片仮名を交えて日本語の文章を綴ることができるようになり、漢文訓読文が成立した。同じころ、万葉仮名をくずして成立した平仮名によって、『古今和歌集』をはじめとした和歌集や、『竹取物語』『源氏物語』などの物語、『土佐日記』『枕草子』といった日記・随筆が書かれるようになり、貴族の話し言葉に基盤を置いた和文が確立した。『平安時代編』は和文を収録する。平安時代後期ごろまでは並立していた変体漢文・漢文訓読文と和文とが、やがて混じり合い平安時代末期までに『今昔物語集』に見られるような和漢混淆文を成立させた。鎌倉時代以降の書き言葉は、この和漢混淆文が中心であり、『十訓抄』『宇治拾遺物語』などの説話、『方丈記』『東関紀行』などの紀行・随筆がこれにあたる。一方で『とはずがたり』『十六夜日記』など、平安時代の和文を範とする擬古文も書かれた。和漢混淆文も擬古文も、当時の話し言葉からは遠い文語体の文章であるが、『鎌倉時代編』はこれらからなる。これらの文体は、明治時代前期まで書き続けられた。

室町時代になると、鎌倉時代にはなかった、話し言葉を反映した新ジャンルが登場する。滑稽な舞台演劇である狂言の台本、講義の手控えや記録である抄物、イエズス会の宣教活動に用いられたキリシタン資料などである。江戸時代の話し言葉を反映した資料には、近松世話浄瑠璃などの脚本、遊郭や恋愛の場における男女の会話を写した洒落本・人情本、庶民の会話を活写した滑稽本などがある。これら、室町時代・江戸時代の口語体の資料は、積極的に『室町時代編』『江戸時代編』に採られているが、特別な目的や場に基づく事情で口語体で書かれたものであり、当時もっともよく読まれた文章というわけではなかった。よく読まれたものに、軍記、御伽草子、仮名草子、浮世草子、読本、紀行、随筆などがあるが、これらは文語体で書かれている。それらの文章の姿は多様で、鎌倉時代までの文語体の文章とは様々な点で異なるものとなっている。

明治時代になっても、しばらくは文語体の文章が書き言葉の中心を占めるが、西洋的な近代国家をモデルとした国民国家形成のために必要な、万人にとって読みやすい汎用的な文章が工夫され始め、『明治・大正編 III 明治初期口語資料』に収める開化物といわれる口語体の文章を経て、明治20年ごろになって、文学者による言文一致運動が盛んになった。『明治・大正編 I 雑誌』においても、明治前期は、そのほとんどを文語体の記事が占めるが、明治20年代後半から徐々に口語体の記事の比率が増加し、明治末期に口語体の方が優勢になり、大正末期には、ほぼ全体が口語体になる。口語体の普及には『明治・大正編 II 教科書』の中心をなす国定読本が力を持った。

以上のような文体史の流れと、『日本語歴史コーパス』に収録された資料の配置に目配りしながら、日本語の変遷についての調査を適切に行っていくことが求められる。以下では、このコーパスを調べることで知ることができる、日本語の変遷の事例を、表記、語彙、文法の三つの観点から紹介し、本書全体への導入としたい。あわせて、このコーパスの検索ツールである「中納言」の使い方や、検索結果をダウンロードしたデータをExcelを用いて集計する方法にも言及する。なお、「中納言」やExcelを使った調査の技法については、巻末の「付録」も参照してほしい。

4.　表記の変遷の調査の例―「話す」の表記―

4.1　「話す」の表記の調査

表記とは、語をどのような文字で書き表すかということである。ここでは、

「話す」という語の表記を取り上げよう。この語は、現代語では「話」という漢字で書き表す（送り仮名のことはここでは扱わない）のが一般的であるが、この語から派生した、落語家を意味する語を「噺家」と書くように、「噺」という表記もある。この語の表記と意味については、佐竹（1986）、山内（1996）などの先行研究があるが、コーパスによって、その変遷をとらえ直してみたい。

『日本語歴史コーパス』のサイトにアクセスし「中納言」にログインし、『日本語歴史コーパス』を選択すると、「短単位検索」「検索フォームで検索」の画面が現れる（図1.1）。「キー」の下の窓に「書字形出現形」とある右のプルダウンボタンをクリックし「語彙素」を選択し、その右の窓に「話す」と入力し、検索画面の右下にある「検索」ボタンをクリックする。すると、図1.2のような検索結果画面が得られる。図1.2は、画面の一部であり、実際には「品詞」の列の右には様々な情報が表示されており、「40虎明-1642_03006」とある3件めのレコードの下にもたくさんのレコードが続いている。左から四列目までは、

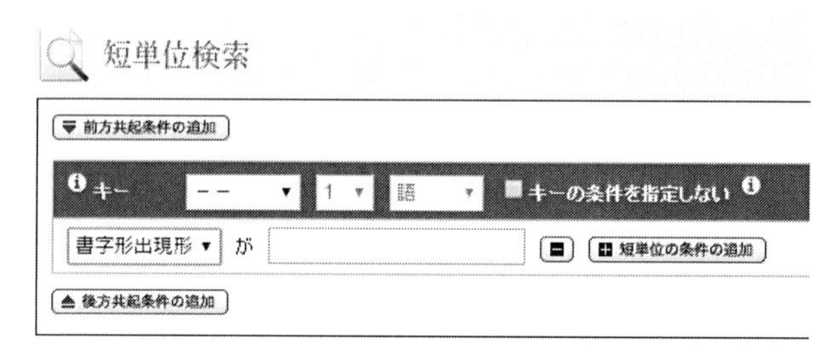

図1.1　「中納言」の検索画面（一部）

1,936件の検索結果が見つかりました。そのうち500件を表示しています。
検索対象語数: 18,620,363　記号・補助記号・空白を除いた検索対象語数: 16,616,579

サンプルID	開始位置	連番	コア	前文脈	キー	後文脈	語彙素読み	語彙素	語形	品詞
40-虎明 1642_02004	22850	14010	1	て、女の事を云出さずに、#こゝもとにて、しる人になつて、ふだん	はない	た衆に、いとまごひをせうか、#いらぬものか#などと云て、下人	ハナス	話す	ハナス	動詞-一般
				「初なのりて、女の事を云出さすに、#こゝもとにて、しる人になつて、ふだん	はない	た衆に、いとまごひをせうか、#いらぬものか#などゝ云て、下人ニ談合して、				
40-虎明 1642_02024	5200	3150	1	「身共もさやうに思ふ#さりながら、言葉なりともかはせばおなじことじや程に、	はなひ	てなぐさまふまでよ、#さてわごりよは何をあづかつたぞ#「身共はかる物ぐらを	ハナス	話す	ハナス	動詞-一般
				「身共もさやうに思ふ#さりながら、言葉なりともかハせハおなじことじや程に、	はなひ	てなぐさまふまでよ、#さてわごりよハ何をあづかつたぞ#「身共ハかる物ぐらをあづけられたよ、				
40-虎明 1642_03006	9840	5810	1	女共がいたしやうぞんじてござるか#「中／＼#「さらばまづまかり帰らふ#「いやまづ	はなさ	せられひ#「いや／＼しづかに参らふ#「いづれもかさねて申いれう#「さらば／＼#「やれ／＼	ハナス	話す	ハナス	動詞-一般
				「女共がいたしやうぞんじてござるか#「中／＼#「さらハまつまかり帰らふ#「いやまつ	はなさ	せられひ#「いや／＼しづかに参らふ#「いつれもかさねて申いれう#「さらハ／＼#「やれ／＼うれしや、				

図1.2　『日本語歴史コーパス』における「話す」の検索結果画面（一部）

検索した語を含むサンプルに関する情報で、そのIDのほか、検索した語が存在するサンプル上の位置などが示されている。中央の「キー」をはさむ3列は、検索した語を含む前後文脈で、2行に分かれているのは、上がコーパス用に整形された本文、下が底本の本文である。そして、右側4列が、検索した語に関する情報である。

図1.2には、室町時代の『虎明本狂言集』の例が3件見えているが、検索の結果ヒットした用例は資料の成立年代順に表示され、この図におさまらない検索結果画面の下方には、室町時代の例がもう7件続いたのち、江戸時代の例が200件程度あり、さらに明治・大正時代の多くの例が続いている。検索結果の画面で、図1.2の最右列の「品詞」の三つ右側になる「原文文字列」の列（図の表示の範囲外）を見ていくと、室町時代の例はすべて仮名であるが、江戸時代の例には、「噺」や「咄」も、それぞれ少なからず見られる。そして、「話」は、江戸時代までにはごくわずかしかない。ところが、さらに下に続いている明治時代の例を見ると、「話」がきわめて多くなっていて、ほかの漢字や仮名は少数派になっていることがわかる。つまり、「話す」という語の表記には、仮名→「噺」「咄」→「話」という変遷があったのではないかと見られるのである。

4.2　データの集計

このことを、検索して得られたデータを集計する形で、正確にとらえていこう。図1.2の左上には、検索の結果1,936件がヒットし、そのうち500件を表示していることが示されているが、こうした検索結果のデータは、表示されていないものも含めて、すべてダウンロードして、Excelで集計や分析ができるようになっている（ただし、検索結果が10万件を超えた場合は、10万件しかダウンロードできない）。図1.2の検索結果のデータをダウンロードしたファイルを開き、Excelのツール「ピボットテーブル」を用いて、「原文文字列」と「時代名」によってクロス集計を行った画面の一部が図1.3である。

表1.3は、「原文文字列」では別々の行になる活用形や送り仮名などの違いがあるものを一つの行にまとめて集計し直したものである。この表から、室町時代は仮名のみ、江戸時代は仮名が多い中でも「咄」や「噺」も多くなることがわかる。また、明治時代は、「話」が非常に多くなる一方、仮名や「咄」が少なくなり、「噺」はなくなり、大正時代・昭和時代は、ほとんどすべて「話」にな

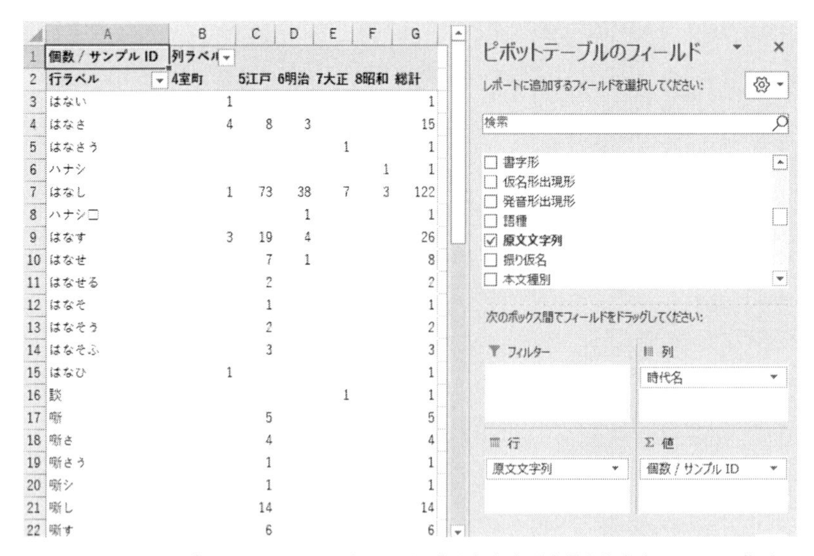

個数 / サンプル ID	列ラベル					
行ラベル	4室町	5江戸	6明治	7大正	8昭和	総計
はない	1					1
はなさ	4	8	3			15
はなさう				1		1
ハナシ					1	1
はなし	1	73	38	7	3	122
ハナシ□			1			1
はなす	3	19	4			26
はなせ		7	1			8
はなせる		2				2
はなそ		1				1
はなそう		2				2
はなそふ		3				3
はなひ	1					1
談				1		1
噺		5				5
噺さ		4				4
噺さう		1				1
噺シ		1				1
噺し		14				14
噺す		6				6

図 1.3　Excel のピボットテーブルを用いた「原文文字列」「時代名」のクロス集計

表 1.3　「話す」の表記の時代別頻度

表記	4 室町	5 江戸	6 明治	7 大正	8 昭和	計
仮名	10	115	47	8	4	184
噺		31				31
咄		66	34	1		101
話		2	762	773	79	1,616
談				1		1
譚		3				3
計	10	217	843	783	83	1,936

っていることもわかる。つまり，「話す」の表記は，仮名→「噺」→「咄」→「話」と変遷したことが，実証されるのである。もっとも，これは，『日本語歴史コーパス』に収録されている資料だけから得られる結果である。**3** で見たように，室町時代や江戸時代に多様に存在している文語体の資料は，このコーパスには収録されていないから，現実にはもっと別の表記があった可能性は十分にあるし，そうした文献の実態調査を行った結果を集計に加えれば，各表記の勢力関係は異なったものになる可能性もある。しかしながら，そのような調査を，個人が短期間で行うことは難しい。コーパスに入っていない文献の調査の必要性は考慮しつつも，コーパスからわかる事実をもとに，その背景となっている事情を考察する段階に進むのが現実的である。

コラム

表記調査とコーパスの本文

『日本語歴史コーパス』には、仮名を用いるか漢字を用いるかなど、表記の調査を行うには不適切な資料が含まれていることに注意する必要がある。それは、『新編日本古典文学全集』（小学館、1994-2002）を底本としている、『平安時代編』や『鎌倉時代編』の一部の文献である。この全集は、底本の表記を改めている場合があるからである。例えば、この全集に含まれる『伊勢物語』の凡例には、「適宜、仮名書きの語を漢字に、漢字で表記されている語を仮名書きに改め」とあることから、この文献で仮名か漢字かの違いを調査しても、それは『伊勢物語』の表記ではなく、校訂者の表記を調査している可能性があるのである。仮名か漢字かということ以外でも、字体、仮名遣い、振り仮名、漢字の読み方、清濁、句読点など、表記に関する現象には、注意を要することが多い。『新編日本古典文学全集』所収の文献でも、『今昔物語集』など、底本の表記をできるだけ再現したり、漢字の読み方にも周到な検討を加えたりしてあるものもあるが、完全なものではない。『新編日本古典文学全集』以外を底本とする資料についても、現象によって同様の問題のある場合がある。

『日本語歴史コーパス』の各シリーズに含まれる個々の文献が、何を底本にしているか、その底本からコーパス本文を作成する際に、どのような改変を加えているか、などについては、『日本語歴史コーパス』の各シリーズのサイトに説明文書が掲載されている。また、『新編日本古典文学全集』ほか、コーパスの各シリーズが底本にしている文献の凡例などにも、本文作成についての説明がある。コーパス利用者は、そうした説明を読んで、適切に利用する必要がある。コーパスの本文や底本の本文の作成方法に注意することは、表記調査の際に特に必要だが、語彙や文法の調査を行う際にも、必要な場合がある。

さて、「話す」の表記が、上記のように交替したのはなぜだろうか。漢和辞典を調べると、「噺」は、「「口」+「新」の会意文字で、耳新しい話の意をあらわすためにつくられた日本製漢字」（藤堂明保・加納喜光編『学研新漢和大辞典』2005）と説明されている。この漢字は、新奇性のある話というような意味を持っていたと考えられる。また、「咄」は、「口＋音符出」の会意兼形声文字で、突然に沈黙を破って、舌打ちや声を出す擬声語」（同）と説明され、「〔国〕はなし。昔話や落語。「小咄」」とも記されている（同書、「〔国〕」とは、中国にはない日本独自の意味であることを示す）。このことから、日本語においてこの漢字は、まとまった内容を持った話という意味があったと考えられる。そして、「話」は、「「言＋音符舌」の会意兼形声文字で、すらすらと勢いづいてはなすこと」（同書）とあることから、口に出して話すといった意味を持っていると見られる。こうした意味の三つの漢字が、「話す」の表記として歴史的に交替していった背景には、「話す」という語の意味の変化があったのではないだろうか。このことを検証するには、「話す」の意味変化を調査する必要がある。

5.　語の意味の変遷の調査の例―「話す」の意味変化―

語は単独で存在しているのではなく、集まってネットワークを形成し、ほかの語との関係性の中で独自の価値を持って存在している。こうしたネットワークの中での語の性質や、語相互の関係を考えるのが語彙研究である。前節で扱った「話す」という語を例に取れば、「ハナス」という形と、〈言葉を声に出して伝える〉という意味を持っている。この語は、「話（はなし）」「話し声」「小話（こばなし）」などの語と、形と意味の両面で近い関係にあり、「言う」「述べる」「語る」などの語と意味の面で近い関係にある。「放す・離す」のような同音異義語や、「聞く」「書く」といった対義語などとも、それぞれ形や意味の面で密接な関係を持っている。こうした語相互の関係の変化をとらえるのが語彙の変遷の研究である。語彙の変遷をとらえるには、個々の語の形や意味の変遷をとらえることが前提になる。「話す」の意味の変遷を例に、その調査と分析を行ってみよう。

前節の表1.2で見たように、『日本語歴史コーパス』で「話す」の例が見られる最古の時代は室町時代であった。『室町時代編 I 狂言』に10件あり、『同 II キリシタン資料』には例がない。10件の例は、例えば、次のようなものである。引用のあとの括弧内には、『日本語歴史コーパス』の典拠表示にしたがって、資料名・巻名など・サンプルID・開始位置（サンプルIDの数字のうち4桁部分は、当該資料の成立年を示している）を示し、必要に応じて現代語訳を添える。

(1)　娑婆より冥途へおもむくものに、わだいくさの事をききたうて尋るに、ひいきへんばにはなす、（虎明本狂言集、朝比奈、40-虎明1642_04001, 13990）

現代語訳：娑婆から冥途に行く者に、和田の合戦のことを聞きたくて尋ねたところ、贔負をして偏った話をする。

(2)　「一しほわごりよにあひたひ。」「身共もさやうに思ふ。」「さりながら、言葉なりともかはせばおなじことじや程に、はなひてなぐさまふまでよ」（虎明本狂言集、樋の酒、40-虎明 1642_02024,5200）
現代語訳：「とてもあなたに会いたい。」「私もそう思う。」「そうであっても、言葉だけでも交わせれば会うのと同じことだから、話して心をなぐさめるまでさ」

(1)(2)とも、点線部のように、話が聞きたいとか会いたいなどという相手の求めがあって話す場面であり、(1)は、波線部のように自分本位に話す場面、(2)は、二重傍線部のように話すことで心を慰める場面である。これらの例と同じく、室町時代の用例には、次の二つの共通の状況が読み取れるものが多い。一つは、話し手や聞き手が、会って話がしたいと思っている状況、もう一つは、話すことで、お互いに楽しみ合っている状況である。このような特徴は、現代語の「話す」には認められない。コーパスに現れる「話す」の最古の用例群には、明らかに意味の限定がある。

表1.3によると、『江戸時代編』には全部で217件の「話す」が見られるが、その資料別の内訳は、18世紀後半から19世紀はじめの『江戸時代編 I 洒落本』に52件、19世紀前半中心の『同 II 人情本』に165件となっている。このうち洒落本の52件の用例を観察すると、室町時代の10件に見られたような意味の限定はなくなっている。代わって目立つのは、次のような特徴である。

(3)　とかく長久な事でなければ真のお楽ではござりませぬと、誠ら敷はなしければ、（洒落本、嘘之川、52-洒落 1804_01018,108620）
現代語訳：とかく長く久しく続くことでなければ本当の楽しみではございませんと、本当らしく話したので

(4)　こんな歎しい身のうへを、はなす人さへなきのたね（洒落本、花街鑑、52-洒落 1822_01062,125290）
現代語訳：こんな嘆かわしい身の上を話す相手さえいない根本。

(3)では助詞「と」で、(4)では助詞「を」で、いずれも鎖線部に話す内容が

示されている。このような話す内容が示される例は、洒落本の52件の中には多く見られるが、室町時代の10件には見られなかったものである。この事実から、室町時代では、話し手や聞き手の心の状況に焦点が当てられていたが、江戸時代では、話す内容に焦点が当てられるように、意味が変化したと考えることができよう。

表1.3のように、明治時代・大正時代は、「話す」の件数が飛躍的に多くなるが、これは、表1.1で見たように、コーパスの規模が飛躍的に大きくなったことにもよるので、「話す」がよく使われるようになったことを示しているかどうかはわからない。シリーズ別の「話す」の件数は、『明治・大正編 I 雑誌』(19世紀後半〜20世紀前半) に1,419件、『同 II 教科書』(20世紀前半) に155件、『同 III 明治初期口語資料』(19世紀後半) に135件である。このうち、明治初期口語資料の135件を観察すると、江戸時代に目立っていた、話す内容を表示する例の占める比率が一層高くなっていることがわかる。そして、江戸時代には、話す内容を示す助詞は「を」と「と」とが拮抗していたのが、明治初期口語資料では、「を」の方が相当に優勢になっていることもわかる。

(5)　さてこれから政府にて租税を収納する有様を御話申ませう (明治初期口語資料、開化問答、60C 口語 1874_07103,11640)

「と」は話す言葉を引用する働き、「を」は話す内容を対象にする働きを持つと考えられることから、「話す」の意味の重心のありかが、言葉を口にするところから、内容を伝えるところへと移行していく変化があったと見ることができそうである。

以上のように、「話す」の意味は、室町時代には、話し手・聞き手のいずれもが心を楽しませるために、会って言葉を交わすことだったが、江戸時代には、内容のあることがらを言葉にすることへと変化し、さらに明治時代には、何かを言葉にして伝えることへと変化していったととらえることができるだろう。

この意味変化は、前節で見た、「話す」にあたる表記が、「噺」(新奇な話という意味)、「咄」(内容のある話という意味)、「話」(口に出すという意味) へと交代していくことと対応していると見ることができるだろう。すなわち、「話す」の表記の交替は、「話す」の意味の変化を反映したものではないかという、前節で示した推測は検証されたと考えてよいのではないだろうか。

それでは、「話す」の意味変化は、なぜ起こったのだろうか。この問いについて考えるには、本節のはじめに記した、合成語、類義語、対義語、同音語などとの関係について調査し、語のネットワークのありようの変化を観察することが必要になる。

6.　文法の変遷の調査の例―「ぞ」「なむ」「こそ」による係り結び―

6.1　係助詞「ぞ」「なむ」「こそ」の頻度推移

日本語の文法変化としてよく知られた現象に、平安時代にあった係り結びが、室町時代までに衰退していく現象があげられる。係助詞「ぞ」「なむ」「や」「か」が文中に現れると、文末が連体形で結ばれ、係助詞「こそ」が文中に現れると、文末が已然形で結ばれる現象の衰退である。ここでは、この現象が、どのようにして衰退していったのかを、強調を意味する点で共通する「ぞ」「なむ」「こそ」を取り上げて調査を行いたい。なお、係り結びの成立や衰退を扱った先行研究は、大野（1993）、山口（2006）、野村（2011）をはじめ多くあるが、ここでは、『日本語歴史コーパス』の「ぞ」「なむ」「こそ」の検索結果のデータをもとに、考察を行っていく。

「中納言」で、検索対象を『平安時代編』『鎌倉時代編』『室町時代編』のすべてとして、キーにおいて、語彙素を「ぞ」、品詞の中分類を「助詞-係助詞」として検索し、得られたデータをダウンロードする。同じく、「なむ」「助詞-係助詞」、「こそ」「助詞-係助詞」もそれぞれ検索し、ダウンロードする。こうして取得した三つのファイルの全データを一つのワークシートにまとめ、ピボットテーブルを用いて、各係助詞の頻度を集計して、その推移を観察しよう。

頻度の推移を集計する際、平安、鎌倉、室町の時代別に行うことが考えられ、それによっても推移の動向はとらえられる。一方、**3.1** で見たように、『平安時代編』と『鎌倉時代編』に成立年が重なる資料が含まれていることや、12世紀や15世紀の資料が乏しいことなどを考慮すると、コーパスに含まれる文献の成立年をもとに集計することも考えられる。ここでは、各資料の成立年をもとに、おおむね10世紀、11世紀、13～14世紀、16～17世紀の4期に時代区分して、それぞれの頻度と比率を集計し、表1.4にまとめた。ここでいう比率は、各時代区分における、強調を意味する三つの係助詞の合計頻度の中で、当該の係

表1.4　係助詞「ぞ」「なむ」「こそ」の時代別の頻度と比率

時代区分	成立年	ぞ	なむ	こそ	計
10世紀	900-986年	1,377(43.8%)	1,108(35.3%)	657(20.9%)	3,142(100%)
11世紀	1001-1110年	4,975(39.5%)	3,611(28.7%)	4,002(31.8%)	12,588(100%)
13-14世紀	1212-1336年	1,524(56.2%)	192(7.1%)	997(36.7%)	2,713(100%)
16-17世紀	1592-1642年	226(22.4%)	0(0.0%)	784(77.6%)	1,010(100%)

10世紀の資料＝竹取物語、古今和歌集、伊勢物語、土佐日記、平中物語、蜻蛉日記、落窪物語、11世紀の資料＝枕草子、源氏物語、和泉式部日記、紫式部日記、堤中納言物語、更級日記、大鏡、讃岐典侍日記、今昔物語集、13-14世紀の資料＝方丈記、宇治拾遺物語、十訓抄、徒然草、海道記、建礼門院右京大夫集、東関紀行、十六夜日記、とはずがたり、16-17世紀の資料＝虎明本狂言集、天草版伊曾保物語、天草版平家物語

助詞の頻度が占める比率である。なお、各期に属する資料名は、表1.4の下に示した。

表1.4の括弧内の比率から、次のようなことが読み取れる。10世紀には、「ぞ」がもっとも多く、「なむ」がこれに次ぎ、「こそ」はもっとも少なかった。11世紀には、「なむ」がやや減少し、「ぞ」も少し減少し、代わって「こそ」が増加した。13〜14世紀には、「なむ」が急速に減少し、「ぞ」が増加し、「こそ」がこれに次ぐようになった。そして、16〜17世紀には「なむ」は皆無となり、「ぞ」も大幅に減少し、「こそ」が全体の8割近くをも占めるに至った。これらのことから、まず「なむ」が衰退し、次いで「ぞ」が減少に向かい、「こそ」は最後まで生き延びたことがわかる。

6.2　文中用法の「ぞ」「なむ」「こそ」

6.1で集計したデータは、係助詞とされる「ぞ」「なむ」「こそ」の全例であった。ところが、実はこれらの例には、係り結びを形成する文中用法と、係り結びには直接関係しない文末用法との二つの用法が含まれている。

［文中用法］

よろづの遊びをぞしける。／名をば、さぬきのみやつことなむいひける。／かばかり心ざしおろかならぬ人々にこそあめれ。(いずれも竹取物語、20-竹取0900_00001)

［文末用法］

かくのたまふは誰ぞ。／かの都の人は、いとけうらに、老いをせずなむ。／

さればこそ。（いずれも竹取物語、20-竹取 0900_00001）

「ぞ」「なむ」「こそ」による係り結びの現象を調査するには、文末用法ではなく文中用法を対象にする必要がある。ところが、『日本語歴史コーパス』には、こうした用法を区別して検索できるような情報は付与されていない。用法分類は、調査者が自ら用例を分析して、行わなければならない。そこで、10世紀の資料から『竹取物語』、11世紀の資料から『今昔物語集』巻31、13〜14世紀の資料から『徒然草』、16〜17世紀の資料から『虎明本狂言集』脇狂言類・大名狂言類・聟類山伏類を選び、これらの資料で使用された「ぞ」「なむ」「こそ」の用例を一件一件観察して、文中用法の例を取り出す作業を行った。表1.5は、その作業の結果をもとに頻度と比率を示したものである。

表1.5から、10世紀、11世紀には、「なむ」がほぼ半分を占め、残りの半分を「ぞ」と「こそ」が分け合っていたが、13〜14世紀には、「なむ」がほとんどなくなり、「こそ」が非常に多くなる。さらに、16〜17世紀には、「なむ」が完全に消滅し、「ぞ」もやや少なくなり、「こそ」が多くを占めるようになる。表1.4では見えにくかった「なむ」から「こそ」への交代と、「ぞ」の緩やかな衰退という流れが、鮮明に見えている。

表1.5　文中用法の係助詞「ぞ」「なむ」「こそ」の時代別の頻度と比率

時代区分	資料	ぞ	なむ	こそ	計
10世紀	竹取物語〔900年〕	15(21.7%)	36(52.2%)	18(26.1%)	69(100%)
11世紀	今昔物語集巻31〔1100年〕	54(27.0%)	95(47.5%)	51(25.5%)	200(100%)
13-14世紀	徒然草〔1336年〕	113(37.4%)	6(2.0%)	183(60.6%)	302(100%)
16-17世紀	虎明本狂言集（脇・大名・聟・山伏の類）〔1642年〕	52(26.5%)	0(0.0%)	144(73.5%)	196(100%)

6.3　地の文と会話文における違い

文中用法の係助詞について『竹取物語』の用例を観察していくと、「ぞ」は地の文にはよく見られるものの、会話文にはあまり見られないことに気付く。一方、「なむ」と「こそ」は会話文に多いことに気付くが、そのうち「なむ」は地の文にも普通に見られるのに対して、「こそ」は地の文には見出しにくいことにも気付く。平安文学において、物語の地の文は語り手が語って聞かせる部分であり、同じく会話文は登場人物間の会話の部分であるが、この二つの部分で、よく用いられる係助詞に違いがあることは、興味深い。

地の文か会話文かの違いのような、本文の種類の違いは、『日本語歴史コーパス』では、「本文種別」という枠組で、情報が付与してある。付与されている情報は、「会話文」のほか「和歌」「手紙」など（情報が付けられていない場合は通常「地の文」）がある。**6.1** で取得した検索結果のデータを用いて、係助詞3種と「本文種別」との関係をクロス集計し、会話文と地の文について、文中用法で用いられた三つの係助詞の頻度の比率を時代区分別に図示したのが、図1.4と図1.5である（グラフ内の数字は頻度）。「手紙」は「会話文」に含めて集計し、件数の少ない「和歌」は集計から除外した。なお、16～17世紀（狂言）は、地の文に係助詞はほとんど出現しないので、地の文の図示をしなかった。

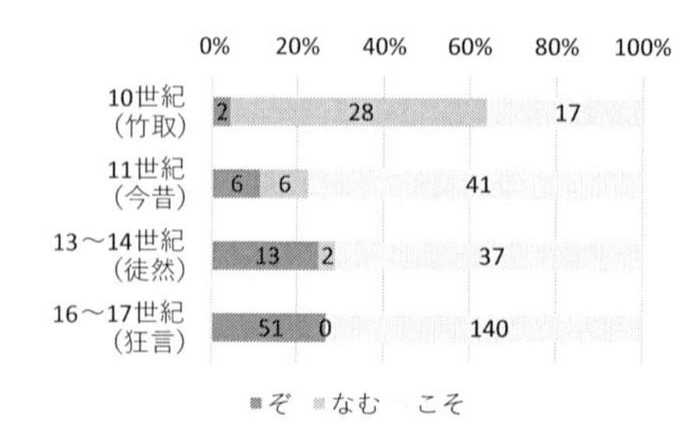

図1.4 会話文における文中用法の係助詞の比率の推移

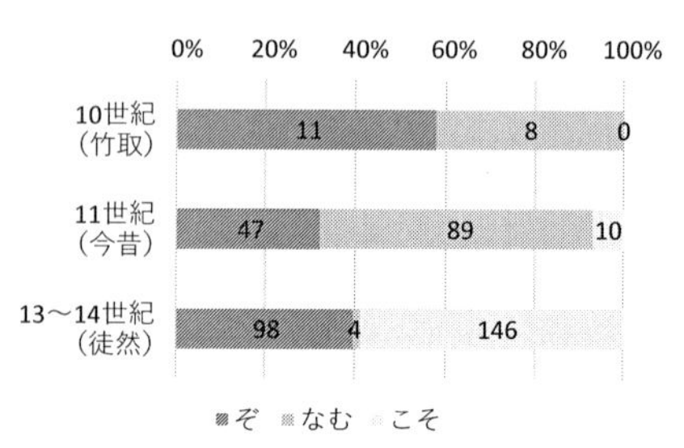

図1.5 地の文における文中用法の係助詞の比率の推移

図1.4、1.5を見ると、次のようなことが注目される。まず、10世紀、11世紀に多用される「なむ」が、会話文と地の文とで、相反する様相を示していることである。会話文では、10世紀に多いが、11世紀には大幅に減少し、地の文では、10世紀よりも11世紀に増加しているのである。**3** で述べたように、11世紀の『今昔物語集』は、文語体と考えられるから、その地の文の表現法は、当時の話し言葉の実態をそのまま反映しているというよりも、書き言葉としての語りにおける何らかの工夫の結果なのではないだろうか。この点は、**6.4** で考える。

次に、「なむ」に代わって多用されるようになる「こそ」を見ると、10世紀では、会話文に限って用いられ、11世紀以降も、会話文では、三つの係助詞の中でもっともよく用いられている。このことから、「こそ」は10世紀から話し言葉的な性格が強かったのが、11世紀の時点において、話し言葉における強調の係助詞の中心を担うようになっていたと考えられる。

そして、「ぞ」は、10世紀の地の文では一番よく用いられているものの、その後は、「なむ」や「こそ」より多く使われることはなく、会話文においても地の文においても二番手に甘んじている。総じて、あまり活発に用いられることもなく、変化も大きくなかった係助詞だと見ることができる。

6.4　結びの特徴

係り結びは、文中用法の係助詞と結びが呼応する文法現象であるから、結びの観察も必要である。10世紀の『竹取物語』の例を観察すると、係助詞それぞれに、結びに特徴があることがわかる。

(6)　よろづの遊びをぞしける。(地の文、20-竹取 0900_00001,6080)

(7)　これを見たてまつりてぞ、国の司も、ほほゑみたる。(地の文、20-竹取 0900_00001,100810)

「ぞ」の結びは、(6)の「けり」、(7)の「たり」などの、過去あるいは完了の助動詞で結ぶものが、15件中12件（80%）を占める。「ぞ」には地の文に多いという特徴があったから、物語中で過去に実際にあったできごとや、現に起きたできごとを強調しながら語る際に適した表現として多用されたと考えられる。

(8)　その竹の中に、もと光る竹なむ一すぢありける。(地の文、20-竹取 0900_00001,840)

(9)　難波より、昨日なむ都にまうで来つる。(会話文、20-竹取 0900_00001,52030)

「なむ」の結びも、(8)(9)のように、36件中18件（50%）が、過去か完了の助動詞で、「ぞ」と通じるところが確かにあったと思われる。しかし、「なむ」は会話文にも多く用いられるため、物語中のできごとを語るだけでなく、一般的な強調表現として広く用いられたと考えられる。

一方、「こそ」の結びは、過去・完了の助動詞は少なく、(10)(11)のように、「む」「なり（推定）」などの、推量あるいは推定の助動詞で結ぶものが、18件中9件（50%）を占める。

(10)　この皮衣は、火に焼かむに、焼けずはこそ、まことならめ。(会話文、20-竹取 0900_00001,75890)

(11)　難きことにこそあなれ。(会話文、20-竹取 0900_00001,25250)

「こそ」には会話文に限られるという特徴があったから、心の中で思ったことを強調して述べるのに適した表現として多用されたのではないかと考えられる。

11世紀の『今昔物語集』では、「ぞ」「こそ」の結びの特徴は、『竹取物語』の場合と同じである。一方、「なむ」は、『竹取物語』とは異なった特徴を示す。

(12)　今は昔、祇薗は本山階寺の末寺にてなむ有ける。(地の文、30-今昔 1100_31024,310)

(13)　此れ希有の事也、となむ語り伝へたる。(地の文、30-今昔 1100_31037,3050)

『今昔物語集』の「なむ」は、95件中84件(88.4%)が、過去あるいは完了の助動詞で結ぶように変わっている。そして、地の文で多用されていることから、過去に実際にあったできごとや、現に起こったできごとを語る表現として、『今昔物語集』が積極的に採用したのだろう。「ぞ」ではなく「なむ」にその機能を担わせたのが、『竹取物語』とは異なる『今昔物語集』の特徴である。

『今昔物語集』で注目される点には、また、結びの活用形が乱れている例が多く指摘できることがある。

(14)　鬼の寝屋より其の猫の島へは亦負風一日一夜走てぞ渡るなり。(地の文、30-今昔 1100_31021,1740)

(15)　船に有し者共此れを聞て、奇異く思てなむ弥よ怖れけり。(地の文、30-今昔 1100_31012,8280)

(16)　万の財は我れ独こそ取てむ。(会話文、30-今昔 1100_31005,19230)

こうした結びの活用形の乱れは、『竹取物語』や『徒然草』には全くない。『竹取物語』にないのは、当時の話し言葉において係り結びが生きていて、書き言葉にもそれが反映したからだと考えられる。『徒然草』にないのは、この作品の文章が、平安文学に範を取る擬古文であるから、係り結びのルールを規範化してそれを守っているからではないかと思われる。

7.　本書の特徴

本章では、『日本語歴史コーパス』がどのようなものであるかを概観した上で、表記、語彙、文法の事例を一つずつ取り上げ、このコーパスを使うことで、日本語の変遷の調査と、歴史の研究ができることを、具体的に示してきた。第2章以下では、『日本語歴史コーパス』を使って、興味深い現象に焦点をあて、具体的な問いを立てて、その問いに解答を与える形で記述を進めていく。

日本語の変遷は、大きく変化したり、変異が見られたりする現象が、時代によって異なっていることから、時代順に、奈良、平安、鎌倉、室町、江戸、明治・大正と、扱っていく。時代によって、中心となる資料の性質が大きく異なる場合があるため、そうした資料の扱い方についても各章で解説する。それぞれの資料に現れた、個々の言語現象や言語変化に向き合い、用例の細部まで観察することで、日本語の歴史の真実を探り出していく。

取り上げる言語現象や言語変化は、各時代を特徴づける語彙、文法、表記、音韻などとし、必要に応じて前後の時代との比較も行って、日本語の変遷を詳しくとらえていく。取り上げた現象については、文体や位相の視点からも観察し、日本語の歴史を多層的に描き出すことにも留意する。

なお、日本語の歴史全般に関しては、山口（2006）、野村（2011）、沖森（2017）、倉島（2019）など、すぐれた入門書があるほか、亀井ほか編（2006-2008）、金水ほか（2008-2016）、今野（2010-2015）、柳田（2010-2017）のような、定評のあるシリーズものも多い。佐藤（1995）、近藤ほか（2005）、沖森（2010）、大木（2015）など、バランスの取れた教科書も充実している。そして、最近は、ワークブック形式の岡崎・森（2016）、コーパスも含めた調査研究法を正面から扱った大木（2019）など、従来にはなかった新しいタイプの教科書も出されている。文献資料の用例を収集分析する方法を説く、青葉ことばの会（1998、2016）も有益である。

そうした類書に対して、本書は、『日本語歴史コーパス』を使って、幅広く調査を行うことを通して、日本語の歴史を学ぶという、全く新しい試みを打ち出すものである。各章は、導入、例題、解説、演習、発展というように、段階を踏んで、調査や分析に習熟し、知識を広げ、考察を深めていけるように記述してある。また、コーパスの検索やデータの集計といった技法的な解説で、本文では十分に説明できない部分は、付録でまとめて解説した。演習のヒントを特設サイト（目次参照）に掲載しているので、ぜひ活用してほしい。読者には、『日本語歴史コーパス』を縦横に使って、日本語の歴史について、多角的に考えていってほしいと願っている。なお、コーパスを使った日本語の歴史の研究論文集に、近藤ほか（2015）、田中ほか（2020予定）などがある。

参考文献

青葉ことばの会（1998）『日本語研究法　古代語編』、おうふう
青葉ことばの会（2016）『日本語研究法　近代語編』、おうふう
大木一夫（2013）『ガイドブック日本語史』、ひつじ書房
大木一夫（2019）『ガイドブック日本語史調査法』、ひつじ書房
大野晋（1993）『係り結びの研究』、岩波書店
岡崎友子・森勇太（2016）『ワークブック日本語の歴史』、くろしお出版
小木曽智信（2016）「『日本語歴史コーパス』の現状と展望」、『国語と国文学』93(5)、72-85
沖森卓也（2010）『日本語史概説』、朝倉書店
沖森卓也（2017）『日本語全史』、ちくま新書
亀井孝・大藤時彦・山田俊雄（編）（2006-2008）『日本語の歴史』（全8巻）、平凡社
金水敏ほか（2008-2016）『シリーズ日本語史』（全4巻）、岩波書店
倉島節尚（2019）『中高生からの日本語の歴史』、ちくまプリマー新書
近藤泰弘（2012）「日本語通時コーパスの設計について」、『国語研プロジェクトレビュー』3(2)、84-92
近藤泰弘・田中牧郎・小木曽智信（2015）『コーパスと日本語史研究』、ひつじ書房
近藤泰弘・月本雅幸・杉浦克己（2005）『日本語の歴史』、放送大学教育振興会
今野真二（2010-2015）『日本語学講座』（全10巻）、清文堂出版
佐竹昭広（1986）『古語雑談』、岩波新書
佐藤武義（1995）『概説日本語の歴史』、朝倉書店
田中牧郎（2014）「『日本語歴史コーパス』の構築」、『日本語学』、33(14)、56-67
田中牧郎・橋本行洋・小木曽智信（編）（2020予定）『コーパスによる日本語史研究—近代編—』、ひつじ書房
野村剛史（2011）『話し言葉の日本史』、吉川弘文館
柳田征司（2010-2017）『日本語の歴史』（全7巻）、武蔵野書院
山口仲美（2006）『日本語の歴史』、岩波新書
山内洋一郎（1996）『野飼ひの駒—語史論集』、和泉書院

第2章 奈良時代

鴻野知暁

導入 **奈良時代の資料である『万葉集』にはどのような助詞があるだろうか。また、よく使われる助詞とそれらの頻度はどうであろうか。『奈良時代編 I 万葉集』の音仮名表記主体の巻（五、十四、十五、十七、十八、二十）で、助詞を一括検索し、語彙素の頻度順に並べてみよう。**

「中納言」で「短単位検索」を行う。「検索対象の選択」で、『万葉集』の上記の巻にチェックを入れる。「品詞の大分類が助詞」と指定して検索する。ダウンロードした検索結果をExcelで開き、ピボットテーブルを使って語彙素を頻度順に並べる。頻度の高いものから30語をあげたものが表2.1である（助詞を読み添えた例も若干ではあるが含まれている）。

頻度上位10語の助詞は、用法の変化はあるものの現代にまで残り、我々もふだん意識しないほどに多く使っている語である。これらの助詞だけで約6,500の頻度となり、『万葉集』音仮名表記主体巻の約2.3万語のうち、約28%を占めている。実際、万葉集を見てみると、これらの助詞が一首の中に何度も出てくるのに気付くだろう。

上代では使用されるが、中古期以降使われない（または徐々に使われなくなっていく）助詞として、「し」「つ」「もがも」「ゆ」などがある。これらの助詞について意味・用法を『日本国語大辞典第二版』などで調べてみよう。

表 2.1　『万葉集』音仮名表記主体の巻中の助詞（上位 30 語）

語彙素	頻度	語彙素	頻度	語彙素	頻度
の	1,738	し	154	とも	43
に　※1	1,114	や	130	つ	41
も	664	つつ	118	より	38
を	552	ぞ	106	ね	32
は	522	ど	70	よ　※3	29
て	504	ども	52	もがも	27
が	470	のみ	46	ゆ	27
ば	356	こそ　※2	46	そ	21
と	335	な	45	だに	15
か	267	まで	43	しも	15

※1　格助詞が 1,113 例、希求の終助詞が 1 例。※2　係助詞が 38 例、希求の意の終助詞が 8 例。※3　終助詞が 15 例、格助詞が 14 例。

例題 1　**古代語では、「も＋ぞ」や「も＋こそ」のように、複数の助詞が連なって特有の使われ方をすることがある。係助詞と係助詞が結合したものとして、「や＋も」の形が『万葉集』でどのように使われるかを調べてみよう。「や＋も」の上にはどのような品詞、活用形、語彙素がくるだろうか。**

■ データ作成の手順

① 「中納言」により『万葉集』を対象として「長単位検索」を行う。「キー」は空欄のままとし、「キーの条件を指定しない」にチェックを入れる。後方共起 1 として、「キーから 1 語」のところに「語彙素が「や」」AND「品詞の小分類が助詞-係助詞」と入力する。後方共起 2 として、「キーから 2 語」のところに「語彙素が「も」」AND「品詞の小分類が助詞-係助詞」と入力し、検索する。

② 「キー」にくる語の読みは、コーパス本文として採用している『新編日本古典文学全集』に従うこととする（読み添えとなっている例や、活用語尾が不確かな例を別途検討してもよい）。

例えば「命哉」を「いのちなれやも」と読んでいる例（10-万葉 0759_00011,26190）は、「命」と「哉」の間に「なれ」を、「哉」のあとに

「も」を読み添えている。このように、「や」または「も」が読み添えとなっている例を、原文後文脈を参照しながら選び、取り除く。具体的には上の例のほかに以下の5件がある。(サンプルID, 開始位置）によって該当箇所を示す。サンプルIDは作品名と巻・章段などを同定するためのIDであり、開始位置は作品内のキーの位置を示す。これらの情報の組によって『日本語歴史コーパス』におけるキーの位置を一意に定めることができ、「中納言」の位置検索で入力すれば当該箇所がヒットする。

10-万葉0759_00011,28100／10-万葉0759_00011,32240／10-万葉0759_00011,34920／10-万葉0759_00012,39090／10-万葉0759_00012,78860

なお、「やも」は訓仮名で「八方」と表記されていることが多い。

③ ピボットテーブルを使い、活用形、品詞、語彙素ごとに例数をまとめる。表2.2は活用形が「已然形-一般」の部分を抜き出したものである。

表2.2　「〜や＋も」の活用形／品詞／語彙素別の頻度（一部）

活用形	品詞	語彙素	頻度
已然形-一般	形容詞-一般	恋しい	1
已然形-一般	助動詞	けむ	1
已然形-一般	助動詞	なり	1
已然形-一般	助動詞	む	108
已然形-一般	助動詞	らむ	2
已然形-一般	動詞-一般	許す	1
已然形-一般	動詞-一般	思う	1
已然形-一般	動詞-一般	有る	3

■ 考　察

「や＋も」の上にくる語を、活用しているか否か、(活用語の場合）活用形は何かに着目して、大きく分類したのが表2.3である。活用語の已然形が118例

表2.3　「や＋も」の上接語の分類

	頻度
活用語・已然形	118
活用語・終止形	7
非活用語	8
計	133

となっており、「〜や＋も」133例のほとんどを占めている。

「非活用語＋や＋も」の例を見ると、「や」の係り結びに「も」が添えられたと見ることができるものが多い。(1)では「二行く」が「や（も）」の結び。「人生は二度とあるものか（いや、ないのだ）」と、反語の意味で使われている。

(1) うつせみの世やも二行くなにすとか妹に逢はずて我がひとり寝む（巻4・733、10-万葉0759_00004,74550）
（空蝉乃代也毛二行何為跡鹿妹尓不相而吾独将宿）

「終止形＋や＋も」は、文末で働き、疑問・反語の意を表している。(2)は「君」への問いかけとなっている例である。

(2) さす竹の大宮人の家と住む佐保の山をば思ふやも君（巻6・955、10-万葉0759_00006,22870）
（刺竹之大宮人乃家跡住佐保能山乎者思哉毛君）

「已然形＋や＋も」については、先の表2.2にあげたとおりである。助動詞「む」の已然形に「やも」が付いた「めやも」が108例を占め、非常に活発に使用されている。「めやも」の上にくる、代表的な語のいくつかに着目し、その意味用法を詳しく見てみよう。

まず、「恋ひめやも」の形（17例）を見る。(3)は「〜見えなば」という仮定条件句の帰結として「〜めやも」が現れている。「竹垣の編目から少しでも見ることができたらそれで満足で、こんなに恋い焦がれなんかしない」ということであり、反語の意である。(4)も同じく「仮定条件句〜めやも」の構造となっている。「恋ひめやも」の歌は、ほかもすべて「恋することがあろうか、（いやしない）」と反語である。

(3) 麁玉の寸戸が竹垣編目ゆも妹し見えなば我恋ひめやも（巻11・2530、10-万葉0759_00011,49310）
（璞之寸戸我竹垣編目従毛妹志所見者吾恋目八方）

(4) なかなかに絶ゆとし言はばかくばかり息の緒にして我恋ひめやも（巻4・681、10-万葉0759_00004,60430）
（中〻尓絶年云者如此許気緒尓四而吾将恋八方）

次に、5例ある「逢はめやも」について見る。(5)は「今からは（旅に出るのだから）、いくら恋い慕ってもあなたに逢うことはできない」ということである。「逢はめやも」は、一般に「逢いたいのだけれどもその希望は叶わない」と、諦念の意が込められた表現となっている。

(5)　今よりは恋ふとも妹に逢はめやも床の辺去らず夢に見えこそ（巻12・2957、10-万葉 0759_00012,33450）
（従今者雖恋妹尓将相哉母床辺不離夢尓所見乞）

これとは逆の意の、否定の助動詞「ず」を介している「逢はざらめやも」の形は6例ある。(6)は「後に逢わないということがあろうか、いや、いつかは逢えるはずだ」という反語の意であり、(7)では「必ず」という副詞によって、「あなたが逢ってくれるはずだ」ということが強く表現されている。

(6)　玉の緒を沫緒に搓りて結べらばありて後にも逢はざらめやも（巻4・763、10-万葉 0759_00004,82860）
（玉緒乎沫緒二搓而結有者在手後二毛不相在目八方）
(7)　天地の神を祈りて我が恋ふる君い必ず逢はざらめやも（巻13・3287、10-万葉 0759_00013,40490）
（乾坤乃神乎祷而吾恋公以必不相在目八方）

これら「恋ひめやも」「逢はめやも」「逢はざらめやも」はすべて反語の意で解されるが、「〜めやも」のほかの例を見てみても、一般に反語の意となる。

以上をまとめると、係助詞の「や」と「も」が結合した場合、特に「〜めやも」の形で使われることが多い。「〜めやも」は文末に現れ、反語の意で使用されるということがわかる。

解説 1

奈良時代の已然形の用法　平安時代、已然形は「(A)接続助詞の「ば」「ど」「ども」を伴って、順接あるいは逆接を表す」、「(B)係助詞「こそ」の結びとなる」のどちらかの用法で使用される。これらは平安時代と奈良時代に共通して見られるものであるが、ほかに、次のような奈良時代特有の用法がある。

(C)　接続助詞を伴わず、已然形単独の形で次の句に続く。これは(8)のように順接となることが多いが、(9)「…漕ぎに漕いだがわたしの見たあの娘のまなざしはありありと見える」（新編全集本の訳による）と逆接的に解釈できるものもある。平安時代以降、已然形に「ば」「ど」「ども」を付けることによって、順接かそれとも逆接かが明確な表現に変わっていったのだと考えられる。

(8)　…心ゆも思はぬ間にうちなびき臥やしぬれ言はむすべせむすべ知らに…（巻5・794、10-万葉 0759_00005,1560）
（許ゝ呂由母於母波奴阿比陁尓宇知那毗枳許夜斯努礼伊波牟須弊世武須弊斯良尓）

(9)　大船を荒海に漕ぎ出でや船たけ我が見し児らがまみは著しも（巻7・1266、10-万葉 0759_00007,51070）
（大舟乎荒海尓榜出八船多気吾見之児等之目見者知之母）

(D)　係助詞「や」「か」「こそ」などを伴って順接の理由句となる。(11)は「心までも消え失せてしまったからか（いやそんなはずはないのに)、」と、理由と反語が一緒になったものである。

(10)　さ百合花ゆりも逢はむと思へこそ今のまさかも愛しみすれ（巻18・4088、10-万葉 0759_00018,15210）
（左由理婆奈由里毛安波牢等於毛倍許曾伊末能麻左可母宇流波之美須礼）

(11)　雪こそは春日消ゆらめ心さへ消え失せたれや言も通はぬ（巻9・1782、10-万葉 0759_00009,43340）
（雪己曾波春日消良米心佐閇消失多列夜言母不往来）

(E)　反語を表す述語内に現れる。(12)のように疑問の助詞の「や」「か」を伴うことが多いが、(13)のように疑問詞が共起する場合には已然形で文が終わることもある。

(12)　橘の下吹く風のかぐはしき筑波の山を恋ひずあらめかも（巻20・4371、10-万葉 0759_00020,24730）
（多知波奈乃之多布久可是乃可具波志伎都久波能夜麻乎古比須安良米可

毛)

(13)　玉葛花のみ咲きて成らざるは誰が恋ならめ我は恋ひ思ふを（巻2・102、10-万葉 0759_00002,5390）
（玉葛花耳開而不成有者誰恋尓有目吾孤悲念乎）

例題1で扱った「～めやも」は、(E) の用法にあたる。『時代別国語大辞典 上代編』「や」の【考】では、「已然形にヤ（モ）がつく例」について、「次の句を強く予想しうる已然形の働きが反語表現を成り立たせているのである。」と述べられている。

演習1　「中納言」の「短単位検索」によって、『奈良時代編』の『万葉集』の音仮名表記主体の巻と、『平安時代編』の『源氏物語』とを対象とし、それらに出現する助動詞を検索する。「行」に「語彙素（もしくは語形代表表記）」がきて、「列」に「作品名」がくるようなクロス集計表をつくることによって、奈良時代に特有の助動詞は何か、また、平安時代になって現れる助動詞は何か、調べてみよう。

例題2　**『万葉集』で「思ふ」の後ろにくる名詞を検索し、連体修飾されている例を選ぶ。「思ふ（思う）」という語は上代から現代にいたるまで盛んに使われる基礎語彙であるが、『万葉集』の連体修飾句の中ではどのような具体的意味を担い、どのような使われ方をしているだろうか。「思ふ」によって修飾される名詞の意味とともに考察してみよう。**

■ データ作成の手順

① 「中納言」により、『万葉集』を対象として「長単位検索」を行う。「キー」は「品詞の大分類が名詞」とする。前方共起として、「キーから1語」のところに「語彙素が「思う」」AND「活用形の大分類が連体形」と入力し、検索する。

② 「思ふ」が体言を修飾していない例を、現代語訳などを参考にして除外する。これにあたる10ヶ所を、以下に（サンプルID, 開始位置）の形で示

す。

10-万葉 0759_00002,11460 ／ 10-万葉 0759_00006,45530 ／ 10-万葉 0759_00011,14900／10-万葉 0759_00011,51690／10-万葉 0759_00011,54600／10-万葉 0759_00011,100510／10-万葉 0759_00012, 87410／10-万葉 0759_00014,36200 ／ 10-万葉 0759_00014,47980 ／ 10-万葉 0759_00017,29840

③ ピボットテーブルを使い、語彙素ごとに例数をまとめ、頻度順に並べる(表2.4)。

表2.4 「思ふ」に修飾される体言（語彙素の頻度が3以上）

語彙素	語彙素読み	頻度
妹	イモ	24
君	キミ	19
どち	ドチ	11
空	ソラ	9
人	ヒト	8
心	ココロ	8
時	トキ	7
子	コ	4

■ 考 察

以下、被修飾語を(A)～(D)の四つにグループ分けして考察する。

(A) 被修飾語が「妹・君・人・子」：「妹（いも）」は「背（せ）」と対になる語で、もとは男から同腹の姉妹を呼ぶ語であるが、妻や恋人などの親しい女性を呼ぶ場合にも使われる。『万葉集』に見られるのはほとんどが後者の用い方であり、時に「あなた」と訳される。「思ふ＋妹」は24例あるが、思う内容が明示的に示されているのは次の形である。

・「～と思ふ妹」8例（うち、4例が「愛（うるは）しと我が思ふ妹」）

(14) 愛（うるは）しと我が思ふ妹（＝すばらしいと私が思うあなた）を山川を中に隔りて安けくもなし（巻15・3755、10-万葉 0759_00015,55820）
(宇流波之等安我毛布伊毛乎山川乎奈可尓敝奈里弖夜須家久毛奈之)

・「～み（ミ語法）思ふ妹」1例

(15) 小石に駒を馳させて心痛み我が思ふ妹（＝不憫に私が思うあの娘）が

家のあたりかも（巻14・3542、10-万葉0759_00014,56740）

（佐射礼伊思尓古馬乎波佐世弖己許呂伊多美安我毛布伊毛我伊敝能安多里可聞）

・「～欲り思ふ妹」1例

(16)　玉の緒の間も置かず見まく欲り我が思ふ妹（＝間も置かず会いたいと私が思うあの娘）は家遠くありて（巻11・2793、10-万葉0759_00011,120950）

（玉緒之間毛不置欲見吾思妹者家遠在而）

上記のいずれの例でも、「妹」が思う対象であり、波線部でどのように思うかが示されている。

「思ふ＋妹」の24例中14例は

(17)　ひさかたの天照る月は見つれども我が思ふ妹に逢はぬころかも（巻15・3650、10-万葉0759_00015,24750）

（比左可多能安麻弖流月波見都礼杼母安我母布伊毛尓安波奴許呂可毛）

と、どのように思うかが明示されずに「我が思ふ妹」の形で現れ、「妹」が「思ふ」の目的語である。『新編日本古典文学全集』の訳で「いとしく思う妻」とされているとおり、ここでの「思ふ」は具体的には「いとしく思う、愛する」の意味である。『日本国語大辞典第二版』の語釈では、「(3)ある対象に心を向ける。そちらへ強く心がひかれる。」の下位区分として「(ハ)慕わしく感じる。恋しがる。愛する。また、大切にする。」を立てているが、(17)における意味はこれにあたる。

『時代別国語大辞典　上代編』によると、「君」はもともと君主・主人という意味であるが、これが対人関係の表現であるところから、多く女性が男性を尊んで呼ぶのに用いられた。二人称的用法にもつながり、『万葉集』では「あなた」という訳語が当てられることも多い。「思ふ＋子」における「子」は「幼い子、（親に対する）子ども」の意味ではなく、男性が女性に対して親しみを込めて呼ぶのに使われている。上の「妹」にならって、「君」・「人」・「子」について、どのように「思い」の具体的内容が示されているかをまとめたのが次の表2.5である。なお、「物思ふ人」の1例だけは「人」が「思ふ」の主語だが、ほかは被修飾語が思いの対象となっている。

ここからわかるように、詠み手が愛する対象が「思ふ」の被修飾語で表されることが多く、また同時に、「思ふ」は「(人を) 愛する」という意味に傾きやすい。

表 2.5　「思い」の具体的内容の示され方

被修飾語	～と思ふ	～み思ふ	～欲り思ふ	物思ふ	内容が明示されず「愛する」の意	計
妹	8	1	1		14	24
君	3	2	1		13	19
人	1			1	6	8
子					4	4

(B)　被修飾語が「心・空」：　上代においても、「思ふ」という働きは「心」においてなされる、と考えられていた。「空」はもともと「天と地の間に広がる中空」の意であるが、「どっちつかずで不安定な心、またその状態」に拡張した。現代語の「うわのそら」に通ずる。『万葉集』の「思ふ＋そら」は、「思ふそら安けなくに」、「思ふそら苦しきものを」のように、必ず否定的な述語とともに使われている。相手のことを恋しく思うあまりに、不安な心境になったということである。

(C)　被修飾語が「どち」：　「思ふどち」は「思いを同じくする仲間、気の合ったもの同士」ということであり、「どち」は『万葉集』中 13 例存在するが、そのうち 11 例が「思ふどち」の形で使われており、定型表現となっている。辞書でも連語「思ふどち」として立項されていることが多い。

(D)　被修飾語が「時」：　ほとんどが「物思ふ時」の形であり、「(物思いをしているときに) ほととぎすが鳴いている」という類型をなす。

以上から、「思ふ」の持つ意味が被修飾語の名詞の出現に影響し、同時に、被修飾語の名詞の意味から、「思ふ」の意味がより明確に特定されるということが見て取れる。具体的には、『万葉集』での「思ふ」は思慕の情を表す文脈と結びつきやすいといえる。

解説2

1. コーパスによる共起関係・連接関係の調査　各々の語は、それぞれの置かれた文脈、ほかの語との関係によって具体的に意味が定まる。コーパスを使うと、共起関係（n語以内にある語の関係）や連接関係（隣同士にある語の関係）といった、語と語の結びつきを調べることができる。

ただし、『日本語歴史コーパス』には係り受け関係や文法関係（主語・目的語）の情報が付いていない。そのため、修飾・被修飾の関係にある語を直接検索することはできない。実際、「「思う」連体形＋名詞」で検索すると、次のような例が含まれてしまう。

(18)　橘の影踏む道の八衢に物をそ思ふ　妹に逢はずして（巻2・125、10-万葉 0759_00002,11440）

この「思ふ」が連体形になっているのは、係助詞「そ」の結びになっているからであり、「思ふ」は「妹」を修飾しているわけではない。**例題2**では、連接関係を利用して検索を行い、検索結果から(18)のような例を目視によって除外したのである。

逆に、「「思う」連体形＋名詞」で検索すると、次のような例は含まれないので注意が必要である。

(19)　あらたまの年の緒長く我が思へる児らに恋ふべき月近付きぬ（巻19・4244、10-万葉 0759_00019,49530）

「思う」を含む文節は「児ら」を連体修飾しているが、助動詞「り」の連体形が間に挟まっているために、検索にヒットしないのである。このような例を網羅的に調べるには、「「思う」からn語以内（例えば3語以内）にある名詞」を検索し、修飾・被修飾の関係にある例を目視によって選び出せばよい。

2. 「思ふ」と「恋ふ」の違い　上で見たように「思ふ」は「相手を恋しく思う」の意で使われることも多い。類義語の「恋ふ」とのニュアンスの違いは何であろうか。

『万葉集』で「恋」に関する語は甚だ多い。「中納言」の「長単位検索」によって、語彙素に「恋」を含む語を調べてみると、延べ語数で800語以上も使用されている。

名詞「恋」および動詞連用形「恋ひ」の原文表記を見ると、「孤悲」と書かれたものが30例存在する。これは音仮名表記であるものの、「恋は孤り悲しむものである」と連想させる。伊藤（1976：229）では、「『孤悲』は、恋が、目の前にないものを求める心のはたらき、すなわち所有欲であることをも暗示しているが、このことは、万葉集の相聞歌の一つ一つに即しても狂いがない」と述べられている。

「思ふ」と「恋ふ」とを比べてみたときに文法的に際立って異なる点は、前者が「～を思ふ」と格助詞「を」を取るのに対し、後者が基本的には「～に恋ふ」と格助詞「に」を取るところである。多田編（2014：93）では、取る助詞の違いから、「恋ふ」の受動性に対する「思ふ」の能動的性質を指摘している。

演習2　「中納言」の「長単位検索」によって、『万葉集』で語彙素に「恋」を含む語を調べ、品詞および語彙素ごとに頻度を出す。その中の、恋に関係する複合名詞の意味を辞典で調べ、実際の文脈でどのように使用されているか確かめよう。

発展1　「中納言」の「長単位検索」によって、『万葉集』で動詞「恋ふ」から3語以内にある名詞を検索する。現代語訳などをもとにして、「恋ふ」と名詞が修飾・被修飾の関係にある例を選ぶ。どのような意味を担う名詞が現れるか、「思ふ」と比較してみよう。

例題3　**『万葉集』の語の表記は多種多様であるが、それは表音的な万葉仮名表記についても当てはまり、例えば「君」は「伎弥、岐美、吉美、吉民」などと様々な仮名を用いて表記されている。『万葉集』で「キ」が万葉仮名によって表記されるとき、どのような漢字が使われるだろうか。音仮名表記主体の巻で、「君（キミ）」と「霧（キリ）」の語頭の「キ」の表記を比較してみよう。また、「雪（ユキ）」、「月（ツキ）」の「キ」の表記も調べ、あわせて整理しよう。**

■ データ作成の手順

① 「中納言」により、『万葉集』を対象として「短単位検索」を行う。「検索対象の選択」で巻五、十四、十五、十七、十八、二十にチェックを入れる。「キー」に「語彙素が［君霧］」AND「語形がキ%」と入力し検索する。

② 検索結果を Excel で開き、適当なところに（例えば「原文文字列」欄の右横に）列を新規に挿入する。挿入した列の先頭行に「キの万葉仮名」と入力し、「原文文字列」を参照しながら万葉仮名表記のキを入力する。Excel の LEFT 関数を使い、「原文文字列」の先頭の一文字を機械的に取り出すとよい。Excel の LEFT 関数とは、文字列と文字数とを指定することで、その文字列の先頭から指定文字数分を抽出するものである。例えば「=LEFT(F3,1)」と入力すると、F3 のセルの先頭 1 文字が抽出される。RIGHT 関数を使えば末尾から指定文字数分を抽出することができる。

　なお、正訓字表記の場合（キミが原文で「君」と表記されている場合）は、「キの万葉仮名」は空欄とする。

③ ピボットテーブルを使い、「行」に「キの万葉仮名」がきて、「列」に「語彙素」がくるようなクロス集計表をつくる。

④ ①と同様の検索を行うが、今度は「キー」に「語彙素が［雪月］」AND「語形が%キ」と入力する。

⑤ ④の検索結果について、②と同様に情報を加える。「キの万葉仮名」として、「原文文字列」の末尾の一文字を入力する（Excel の RIGHT 関数を使うとよい）。正訓字表記（ユキの原文表記が「雪」、ツキの原文表記が「月」）の場合は、「キの万葉仮名」は空欄とする。

⑥ ⑤の Excel シートについて、③と同様にピボットテーブルを用いてクロス集計表をつくる。

③と⑥で出来上がったものが表 2.6 および表 2.7 である。なお、「雪」には上代東国方言形のヨキ（原文は「与伎」）が 1 例含まれる。

■ 考　察

表 2.6 を見ると、それぞれの万葉仮名について、「君」に使用されるものは「霧」に使用されず、逆に、「霧」に使用されるものは「君」に使用されないと

表 2.6 「君、霧」のキの万葉仮名

キの万葉仮名	君	霧
伎	95	0
吉	15	0
支	3	0
枳	1	0
岐	1	0
奇	0	7
紀	0	3
綺	0	1
計	115	11

表 2.7 「雪、月」のキの万葉仮名

キの万葉仮名	雪	月
伎	12	0
吉	8	0
岐	2	0
企	1	0
棄	1	0
支	1	0
奇	0	19
計	25	19

表 2.8 「君、霧、雪、月」に使われるキの万葉仮名

キの万葉仮名	君	雪	霧	月
伎	○	○		
吉	○	○		
支	○	○		
岐	○	○		
枳	○			
企		○		
棄		○		
奇			○	○
紀			○	
綺			○	

いうことがわかる。例えば、「伎」は 95 例が「君」の表記に使われているが、「霧」の語を表すのに用いられた例はない。

表 2.8 は表 2.6 と表 2.7 とをまとめ、音仮名表記主体の巻で 1 例以上認められる場合、○で示したものである。

「君、雪」のキの表記に使われ、「霧、月」に使われないという点から、「伎、吉、支、岐、枳、企、棄」を一つのグループにまとめることができる。これとは逆に、「奇、紀、綺」のグループは「霧、月」の「キ」を表すのに用いられ、「君、雪」には用いられない。「キ」の万葉仮名は、語の書き分けという点で二つのグループに分かれ、同時に、「キ」の音節を含む語も、「キ」の仮名の使用という点で二つのグループとして区別されるのである。

解説３

上代特殊仮名遣い　『万葉集』の残りの巻、さらに、『古事記』や『日本書紀』といった上代のほかの資料に調査範囲を広げていっても、上記のような仮名の使い分けが認められ、キの仮名は「伎」の類か「奇」の類かに二分される。また、「キ」を含む語彙をほかに色々と調べても、「伎」の類を含む語か「奇」の類を含む語かに区別され、仮名の使い方が両方の類にまたがる語はない。

このような仮名の使い分けは、「キ」「ヒ」「ミ」「ケ」「ヘ」「メ」「コ」「ソ」「ト」「ノ」「モ」「ヨ」「ロ」（「モ」の区別は古事記のみ）およびその濁音「ギ」「ビ」「ゲ」「ベ」「ゴ」「ゾ」「ド」に見られる。例えば、「ヒ」は「比、卑…」と「非、悲…」との二類に分かれ、ミは「美、弥…」と「未、味…」とに分かれる。

さて、もしも「伎」の類と「奇」の類の発音が全く同じであったとしたら、一つ一つの語について、多種の仮名（表2.8の中でさえ10種類もある）との結びつきを記憶するというのは非常に困難である。しかし、上代の文献では書き手が異なるにもかかわらず、この使い分けが統一的に、誤りなく行われている。このことから、仮名の二種類の書き分けは発音の違いに基づくのだと考えられる。上代では「ユキ」と「ツキ」の「キ」の発音は異なり、「伎」と「奇」の表記によってその差が表されていたのである（具体的な両者の音価、また、音韻論的な解釈については諸説ある）。我々が慣れ親しんでいる五十音図では説明できない、以上のような万葉仮名の使い分けを「上代特殊仮名遣い」という。この音の区別は、平安期にかけて失われていった。

活用形と仮名表記との関係について、興味深い事実が存在する。四段活用のカ行・ハ行・マ行の連用形の活用語尾には、それぞれ、「伎」「比」「美」の類が使われ、「奇」「非」「未」の類は使われない。このことは、「伎」「比」「美」の類にはある種の共通性があることを意味する。橋本進吉はこの事実に鑑み、「伎」「比」「美」の類を甲類と名付け、他方の「奇」「非」「未」の類を乙類と名付けた。ほかの活用型・活用形の活用語尾にもこのような区別が存在し、同種の活用型の同じ活用形を、甲類もしくは乙類と括ることができる。表2.9に、カ行の各活用型について活用語尾を甲乙とともに示した。

このような関係を利用して、個々の語の活用型や活用形を推定することができる。

表 2.9 活用語尾と甲乙の区別との関係

	未然	連用	終止	連体	已然	命令
カ行四段	カ	キ$_{甲}$	ク	ク	ケ$_{乙}$	ケ$_{甲}$
カ行上一段	キ$_{甲}$	キ$_{甲}$	キ$_{甲}$ル	キ$_{甲}$ル	キ$_{甲}$レ	キ$_{甲}$ヨ$_{乙}$
カ行上二段	キ$_{乙}$	キ$_{乙}$	ク	クル	クレ	キ$_{乙}$ヨ$_{乙}$
カ行下二段	ケ$_{乙}$	ケ$_{乙}$	ク	クル	クレ	ケ$_{乙}$ヨ$_{乙}$
カ行変格	コ$_{乙}$	キ$_{甲}$	ク	クル	クレ	コ$_{乙}$

(20) 潮干なばまたも我来む（巻 15・3710、10-万葉 0759_00015,43560）
（之保非奈婆麻多母和礼許牟）

下線部の語はヒの乙類であるので、ハ行上二段活用（の連用形）とわかる。『万葉集』での動詞「干」の仮名書き例を調べると、すべて乙類（「非」2例、「飛」1例）である。中古以降では上一段で活用したこの語は、上代では上二段であった蓋然性が高い。

演習 3 「中納言」の「短単位検索」によって、『万葉集』の音仮名表記主体の巻を対象とし、発音形出現形が「エ」で終わる動詞を検索する。文語下二段-ア行・ヤ行・ワ行の末尾の万葉仮名の表記はどのようになっているだろうか。各行と万葉仮名との関係について整理しよう。

例題 4 **奈良時代で格助詞の「の」と「が」の使い分けの一つとして、その上にくる語（上接語）が異なることが知られている。『万葉集』の音仮名表記主体の巻で、普通名詞+「の」・「が」を検索し、上接語の分布について調べてみよう。**

■ データ作成の手順

① 「中納言」で「長単位検索」を行う。「検索対象の選択」で『万葉集』の巻五、十四、十五、十七、十八、二十にチェックを入れる。「キー」は「品詞の小分類が名詞-普通名詞-一般」とする。後方共起として、「キーから1語」のところに「語彙素が「の」」AND「品詞の小分類が助詞-格助詞」と入力し、検索する。

② 検索結果を Excel で開き、適当なところに（例えば左端に）列を新規に挿

入する。挿入した列の先頭行に「の／が」と入力し、同じ列の第2行目以降に「の」と入力する。

③ ①と同様の検索を行うが、後方共起として、「キーから1語」のところに「語彙素が「が」」AND「品詞の小分類が助詞-格助詞」と入力する。

④ ②と同様にExcelに入力するが、今度は挿入した列の第2行目以降に「が」と入力する。

⑤ ②と④のExcelシートを一つにまとめる（④の2行目以下をすべてコピーし、②の最終行以降の空欄に貼り付ける）。

⑥ 原文後文脈を参照し、「の」と「が」が仮名表記のものを選び、ほかは除外する。

Excelの「並び替え」の機能を使い、「最優先されるキー：原文後文脈、並び替えのキー：値、順序：昇順」と指定してデータを並び替える。こうすると「原文後文脈」の初めの一文字の種類ごとにまとまる。

読み添えの例として除外されるものは全部で53件ある。「アキノノヲ（秋野乎）」（10-万葉0759_00015,32110）は、訓読文にノの連続が含まれるので紛らわしいが、助詞の「の」が読み添えである。これと同様に注意すべきものとして、次のものがある（(サンプルID, 開始位置）によって示す）。

10-万葉0759_00018,38330／10-万葉0759_00017,30790／10-万葉0759_00015,32110／10-万葉0759_00018,35300

「シラタマノ（白玉之）」（10-万葉0759_00005,49990）の原文「之」は正訓字表記である。これと同じ「之」（全12例）を除外する。

⑦ ピボットテーブルを使って整理する。「行」に「語彙素」・「語彙素読み」がきて、「列」に「の／が」がくるようなクロス集計表をつくる。こうして出来上がったものの一部を表2.10に示した。

表2.10　上接語によって分類した格助詞「の」と「が」の頻度表（一部）

語彙素読み	語彙素	「が」に上接	「の」に上接	計
ア	足	0	1	1
アオグモ	青雲	0	2	2
アオヤギ	青柳	0	3	3
アガキ	足掻き	0	1	1
アカゴマ	赤駒	2	0	2

■ 考 察

表2.11は「の」・「が」に上接する普通名詞の延べ語数および異なり語数である。「の」の上接名詞に比べて「が」の上接名詞は、延べ語数もさることながら、異なり語数が相当少ないことがわかる。「の」は広く様々な語を承けるが、「が」は上接語の分布が狭い範囲に限られているということである。

表2.11 「の」・「が」の上接名詞の語数

	延べ語数	異なり語数
「の」の上接名詞	1,257	485
「が」の上接名詞	211	48

それでは、「が」に上接する名詞とはどのようなものだろうか。「普通名詞+が」の用例数が10以上の語をあげたのが表2.12である。

表2.12 「普通名詞+が」の用例数が10以上の語

語彙素読み	語彙素	「が」に上接	「の」に上接	計
イモ	妹	48	1	49
キミ	君	45	4	49
ワギモコ	吾妹子	13	0	13
セコ	兄子	12	0	12

これらは親しい相手を指すときに多く使われ、「あなた」という二人称的な性質が強い語である（野村（1993）では「二人称代用形式」とされる）。「が」に上接することの多い普通名詞は、このような特殊な性質を帯びている。

「の」の上にも「が」の上にも付くことのある普通名詞を調べると、異なり語数で13語とわずかである（表2.13）。しかも、頻度の多い「妹・君・梅・日」は「の」か「が」のいずれかに偏っている。「の」と「が」の上接名詞の分布は重なりが少なく、それぞれの名詞に「の」が付くか「が」が付くかがかなり固定化しているのである。

なお、表2.13の中では、「妹、君、母、子」といった人を表す名詞、「梅、鳥、田鶴、葦、松、鴨、茅」といった動植物名が多くを占めている。

「君」には基本的に「が」が付くことが多いが、「の」が付くこともある。ど

表 2.13　「の」にも「が」にも上接する名詞とその頻度

語彙素	語彙素読み	「が」に上接	「の」に上接	計
妹	イモ	48	1	49
君	キミ	45	4	49
梅	ウメ	3	42	45
日	ヒ	1	11	12
鳥	トリ	4	4	8
母	ハハ	5	3	8
子	コ	4	3	7
田鶴	タズ	4	2	6
葦	アシ	4	1	5
松	マツ	1	4	5
紐	ヒモ	1	3	4
鴨	カモ	1	2	3
茅	カヤ	1	1	2

のような場合に「の」が選択されるのだろうか。「君の」の用例を見てみよう。

(21)　高円の野の上の宮は荒れにけり立たしし君の御代遠そけば（巻 20・4506、10-万葉 0759_00020,67870）
（多加麻刀能努乃宇倍能美也波安礼尓家里多々志々伎美能美与等保曾気婆）

(22)　高円の尾の上の宮は荒れぬとも立たしし君の御名忘れめや（巻 20・4507、10-万葉 0759_00020,68130）
（多加麻刀能乎能宇倍乃美也波安礼奴等母多々志々伎美能美奈和須礼米也）

これらは題詞に「興に依り、各高円の離宮処を思ひて作る歌五首」とあり、高円の離宮、そして亡き聖武天皇を思慕する歌となっている。「君」が指すのは聖武天皇であり、「立たしし」、「御代」、「御名」という敬語表現が使用され、「君」は敬うべき対象として扱われている。上代の「君」には、「君主・主人」の意と、「あなた」のような二人称的用法とがあるが、ここでは前者の意味ということである。ほかの 2 例（4094 歌と 4465 歌）でも「君」は天皇を指し、「君の御代御代」と敬意が示されている。先に、「妹、君、吾妹子、兄子」といった「が」が付きやすい語の共通性として、親しい相手を指し、二人称的な性質が強いと述べた。このような性質が希薄な場合には、「君」に対しても「の」が付くのである。

以上から格助詞の「の」と「が」と上接語との関係をまとめる。ほとんどの普通名詞は、それに「の」が付くか、「が」が付くかが決まっている。「の」も「が」も付くことができる名詞は少ない。「が」は二人称代名詞に近い特殊な名詞に付きやすく、それ以外の普通名詞には一般的に助詞「の」が接するといえる。

解説 4

1. 「の」と「が」の文法的な働きについて　「の」と「が」は上代から現代まで長く使われ続けている助詞であるが、上代でどのような文法的機能を持つのかを実例とともに確認しよう。名詞のあとにくる格助詞の「の」と「が」の用法は大きく(A)連体用法、(B)主格用法、(C)連用用法に分けられる。

(A) 連体用法：「の」と「が」は次のように、多く、体言を修飾するのに使われる。「が」の連体用法は現代でも「我が名」のように使われているが、やや古めかしく感じられる。

(23) 我よりも貧しき人の父母は飢ゑ寒ゆらむ（巻5・892、10-万葉 0759_00005,38950）
（和礼欲利母貧人乃父母波飢寒良牟）

(24)の「ぬばたまの」は夜に関する語などに係り、枕詞と呼ばれる修辞法である。

(24) ぬばたまの夜の夢にを継ぎて見えこそ（巻5・807、10-万葉 0759_00005,10620）
（奴婆多麻能用流能伊昧仁越都伎提美延許曾）

(25)では「～夜の～夜」と、名詞「夜」が重複して現れている。同一の「夜」について別の修飾の仕方をしたものであるので、同格の用法と考えられる（『時代別国語大辞典　上代編』「の」の【考】を参照）。

(25) 風交じり雨降る夜の雨交じり雪降る夜はすべもなく寒くしあれば（巻5・892、10-万葉 0759_00005,37750）
（風雑雨布流欲乃雨雑雪布流欲波為部母奈久寒之安礼婆）

「枕詞」と「同格」は「の」のみに見られる用法である。

(B)　主格用法：「の」と「が」に共通する用法である。(26)では連体修飾句の中、(27)では「未然形＋ば」の仮定条件句の中（いずれも従属句の中）で、それぞれ「の」・「が」が使用されている。(28)は連体形終止（連体止め）の主文の主語を「が」が表示している。

(26)　筑紫なるにほふ児故に陸奥の香取娘子の結ひし紐解く（巻14・3427、10-万葉 0759_00014,23950）
（筑紫奈留尓抱布児由恵尓美知能久乃可刀利乎登女乃由比思比毛等久）
(27)　今のごと恋しく君が思ほえばいかにかもせむするすべのなさ（巻17・3928、10-万葉 0759_00017,10270）
（伊麻能其等古非之久伎美我於毛保要婆伊可尓加母世牟須流須辺乃奈左）
(28)　危ほかど人妻児ろを息に我がする（巻14・3539、10-万葉 0759_00014,55990）
（安夜抱可等比登豆麻古呂乎伊吉尓和我須流）

(C)　連用用法：　比喩を表し、「～のように」という意味で述語を修飾する。この用法は「が」には見られず「の」にのみ見られる。(29)は窮民が一家で生活苦にあえぎ、ぬえ鳥のように細々とうめいているということである。(30)の「大船の」は枕詞。枕詞には(24)のような連体修飾のものも、(30)の連用修飾のものもある。(31)は初句から第三句までが「辛き」に係り、「恋」という異なる文脈に転換してあとに続いている。これは和歌の修辞技法で序詞と呼ばれている。

(29)　飯炊くことも忘れてぬえ鳥ののどよひ居るに（巻5・892、10-万葉 0759_00005,41140）
（飯炊事毛和須礼提奴延鳥乃能杼与比居尓）
(30)　悪しけくも良けくも見むと大船の思ひ頼むに（巻5・904、10-万葉 0759_00005,51140）
（安志家口毛与家久母見武登大船乃於毛比多能無尓）
(31)　志賀の海人の一日も落ちず焼く塩の辛き恋をも我はするかも（巻15・

3652、10-万葉 0759_00015,25340)
(之賀能安麻能一日毛於知受也久之保能可良伎孤悲乎母安礼波須流香母)

「の」と「が」の働きは以上のように整理される。同格や比喩（枕詞、序詞も含む）の用法はもっぱら「の」が受け持つところであるが、ほかの文法的用法は「が」と「の」に共通するのであった。すると、「が」と「の」の使い分けがどのようになされていたのかが問題となってくる。本例題では、それぞれの助詞の上接語に注目してこのことを考えたわけである。

2. 「の」と「が」に見る上代語と現代語との違い 野村（1993）では、「が」の分布は「わ」「おの」「な」「し」「た」といった代名詞、固有名詞を中心とし、普通名詞では主に二人称代用形式に接すると整理されている（本例題ではこのうち、普通名詞について調べた)。これはガの使用に関する上接語の制限である。

上代の「が」の使い方について、ほかに、構文上の制限がある。それは、「「の」「が」は、終止形で終わる文の主語を示すことができない（〈主格「の」「が」〜終止形。〉という文構造は許されない)」というものである。先の主格用法の実例を見ると、(26)・(27)は従属句内に「の」「が」があり、そこで文が終わっていないから構文上の制限に抵触しない。また、(28)は連体形終止であり、終止形では終わっていないのでやはりこの制限に抵触していない。

現代語で「波が高い」というのは文法的に正しいが、上代語で「波が高し」という文は、二つの意味で文法的に誤りである。まず、上接語の制限により、「が」は「波」に付くことはない（「波」の下に付くのは「の」である)。さらに、形容詞の終止形で終わる文に主格「が」が用いられているので、構文上の制限に違反するのである。それでは「波が高い」の意味に相当する文を上代語でどう表すかというと、「波高し」と助詞を使わないのである。古代語では、主語や直接目的語を、助詞を使わずに表すことが多く、現代語との大きな違いの一つとなっている。

発展２　「中納言」の「短単位検索」によって、『万葉集』の音仮名表記主体の巻で代名詞を検索し、語彙素ごとに頻度を求めよう。それぞれの代名詞について、助詞「が」が付く例の占める割合を計算しよう。また、助詞「の」についても同様に計算しよう。奈良時代の代名詞の体系の中で、これらの助詞が付くものと付かないものはどのように分布するだろうか。

コラム

『万葉集』の表記について

日本にはもともと固有の文字がなく、奈良時代の文献はすべて漢字によって書き記されている。『万葉集』の漢字の用字法は、「訓を利用するか、中国語の発音に基づく漢字音を利用するか」、「表語的（形・音・義の三要素を備えている）か、表音的（義の要素を捨象している）か」という観点から、およそ表2.14のように分類される。なお、表音的に使用されたものは「万葉仮名」と呼ばれることがある。

表2.14　『万葉集』の漢字の用字法

	訓を利用	漢字音を利用
表語的	正訓・義訓	正音
表音的	訓仮名	音仮名

このうち、正音は漢語を表し、その他は和語を表記するのに使われる。以下、それぞれを説明する。

「山」という漢字は、３画の字形・「サン」という字音・「高く盛り上がった地形」という意義を備えている。和語でこの意義を持つものは「やま」であり、これを当該の漢字の発音に当てることによってできたのが正訓である。奈良時代では一般に漢字と訓との対応がゆるやかであり、これが『万葉集』の歌の漢字に訓を当てることを難しくしている。例えば、「乱」は現代では「みだれる」としか読まないだろうが、『万葉集』では「みだる・さわく・さやぐ・まがふ」などと読む可能性がある。義訓は「暖」を「はる（春）」、「金」を「あき（秋）」と訓むようなものである。これらでは、正訓のように漢字の意義と和語の意義とが直接結びついているのではない。前者では気温から連想される季節、後者では五行説によって「金」に配当される季節というように、意義の対応の間にワンクッションが挟まっているのである。正音は中国語の「音・義」がほぼそのまま伝来したもので、『万葉集』では「餓鬼（がき）・法師（ほふし）・双六（すぐろく）」など約20種類に過ぎず、頻度もごく低い。音仮名は、漢字の字音を借り、その字の意義とは無関係に和語を表記するものである。例えば「やま（山）」を「夜麻」「夜万」「也麻」と表記した例が見られる。また、漢字に訓が定着した場合、それを表音的に用いることも行われた。これが訓仮名であり、例えば「なつ（懐）かし」を「名津蚊為」「夏樫」と表記するものである。このほか、表音的であるが義訓に近い性質のものとして、戯書（ぎしょ）と呼ばれる遊戯的な表記がある。「しし（獣）」を「十六」と書くもの、助動詞の「む」を「牛鳴」と書くものがこれにあたる。前者は掛け算の九九の音に由来し、後者は牛の鳴き声という擬声語による。なお、『万葉集』の表記・用字の、より詳しい説明については『新編日本古典文学全集　萬葉集①』（小学館）解説中の「四　用字法と読み方」などを参照されたい。

『万葉集』では、「立座妹念（新編全集本はタチテモヰテモイモヲシソオモフと読む）」（巻 11・2453、10-万葉 0759_00011,28500）のように、助詞・助動詞が表記されないことがある。無表記の部分を補って読むことを読み添えという。注釈書によって何を読み添えるかは揺れることがあるので、読み添え例は考察の対象外とするか、別扱いとする（別途用例数をあげる）のがよい。本章では原則として読み添えを考察から除いている。

逆に、読みに揺れがないのは音仮名表記の部分である。『万葉集』の巻五、十四、十五、十七、十八、二十に含まれる歌は、基本的に一字一音の音仮名を用いて表記されている。本章では、助詞の「の」や「が」のように頻度が多いものを扱う場合や、仮名の使い方に注目したい場合には、便宜上これらの巻に対象を絞った。

参考文献

伊藤博（1976）『万葉集の表現と方法　下』、塙書房
此島正年（1966）『国語助詞の研究　助詞史の素描』、桜楓社
上代語辞典編修委員会（編）（1967）『時代別国語大辞典　上代編』、三省堂
白藤禮幸（1987）『奈良時代の国語』、東京堂出版
多田一臣（編）（2014）『万葉語誌』、筑摩選書
野村剛史（1993）「上代語のノとガについて（上・下）」、『国語国文』**62**（2、3）
橋本進吉（1980）『古代国語の音韻に就いて　他二篇』、岩波文庫
山田孝雄（1913）『奈良朝文法史』、宝文館

第3章 平安時代

須永哲矢

導入 **『平安時代編』で、「をかし」と「あはれ」を検索してみよう。作品ごとに傾向があるのだろうか、あるいは、作品にかかわらず出現頻度はほぼ一定なのだろうか。**

『日本語歴史コーパス』の「中納言」で、「検索対象を選択」をクリックし、『平安編』の中で検索対象にしたい作品にチェックを入れ、「短単位検索」で「「語彙素読み」が「オカシイ」」と指定して検索してみよう。「語彙素」は、現代語形・現代仮名遣いで統一されており、「語彙素読み」で検索する場合は片仮名で入力する必要があるため、「をかし」を検索する場合は「オカシイ」となる。同様に「あはれ」は「「語彙素読み」が「アワレ」」と指定して検索してみよう。『枕草子』と『源氏物語』での結果は、表3.1のようになる。なお、『枕草子』と『源氏物語』ではテキスト量が異なるため、各語の出現数そのものを比較しても正確な比較にはならない。そこで、出現数（『枕草子』の「をかし」なら446）を総語数（『枕草子』なら66,048）で割り、出現率（各作品に含まれる単語の何%が「をかし」なのか）を算出したものが（　）内の%表示である。

『源氏物語』が「あはれ」の文学であるのに対して、『枕草子』は「をかし」の文学だといわれることがある。表3.1からも、『源氏物語』は「あはれ」の方が多く、『枕草子』は「をかし」の方が多いことがわかる。二つの作品を比べる

表3.1　『枕草子』『源氏物語』の「をかし」「あはれ」出現頻度

	総語数	をかし	あはれ
枕草子	66,048	446(0.68%)	90(0.14%)
源氏物語	445,716	662(0.15%)	977(0.22%)

限りにおいては、「あはれ」と「をかし」のどちらが多いかで両者が特徴づけられるように思われるが、ほかの作品はどうだろうか。

表3.2の13作品中、「をかし」の頻度が「あはれ」を上回っているのは『平中物語』『落窪物語』『紫式部日記』『堤中納言物語』の4作品のみであり、「をかし」の方が多いこと自体が、平安仮名文学の中では珍しいということがわかる。『紫式部日記』『堤中納言物語』での「をかし」出現率は0.3%台、『平中物語』『落窪物語』での「をかし」出現率は0.1%台であり、表3.1『枕草子』の0.68%というのは特に高いことがわかる。一方、表3.2の残り9作品は「あはれ」の方が多く、その出現率は0.3%台が2作品、0.2%台が3作品あり、表3.1『源氏物語』での「あはれ」0.22%というのは、他作品に比べて特に多いというわけではない。

表3.2 平安仮名文学の「をかし」「あはれ」作品別出現頻度

	総語数	をかし	あはれ
竹取物語	10,316	1(0.01%)	6(0.06%)
伊勢物語	13,825	4(0.03%)	17(0.12%)
土佐日記	6,685	2(0.09%)	6(0.03%)
大和物語	23,091	21(0.09%)	56(0.24%)
平中物語	12,403	17(0.14%)	11(0.09%)
蜻蛉日記	47,266	49(0.10%)	104(0.22%)
落窪物語	54,586	97(0.18%)	84(0.15%)
和泉式部日記	10,891	19(0.17%)	37(0.34%)
紫式部日記	17,442	57(0.33%)	15(0.09%)
堤中納言物語	15,698	48(0.31%)	37(0.24%)
更級日記	14,660	33(0.23%)	50(0.34%)
大鏡	71,352	34(0.05%)	75(0.11%)
讃岐典侍日記	15,555	3(0.02%)	27(0.17%)

以上から、出現頻度をもとに検討すると、『枕草子』における「をかし」の出現頻度は平安文学の中で特徴的だといえるが、『源氏物語』における「あはれ」はそれほど特徴的なものではないということがわかる。

例題1 **平安時代のク語法について、それが現れる「本文種別」(歌/会話/地の文など)と、ク語法が見られる語について考察しよう。**

■ データ作成の手順

① 「検索対象を選択」で「平安-仮名文学」にチェックを入れる。「短単位検索」で「「活用形」の「大分類」が「ク語法」」を選択し、検索結果をダウンロードする。

② ダウンロードしたデータをExcelで開き、ピボットテーブルを用いて語の頻度表を作成する（付録8.2、p.169）。ピボットテーブルの「行」には「本文種別」、「列」「値」には「語彙素」を指定する。

■ 考　察

古典語には、活用語に語尾「く」を付けることで名詞化する、「ク語法」と呼ばれる語法が存在する。例えば漢文でよく見られる「曰く（いはく）」というのは「言ふ」のク語法である。『日本語歴史コーパス』においては、ク語法は活用形の一種として扱っているため、「活用形」のレベルで「ク語法」を選択し、ク語法の用例を取り出すことができる。

(1)　それをだに思ふこととてわが宿を見きとな言ひそ人の聞かくに（古今和歌集、恋5、20-古今0906_00016,23740）

(2)　かぐや姫のいはく、「なんでふ、さることかしはべらむ」といへば、（竹取物語、20-竹取0900_00001,15970）

ク語法には、例文(1)、「人が聞くことだ（人が聞くようなことがあったら困る）」のように「～すること／もの」という意の名詞にまとめる場合や、例文(2)、「かぐや姫の言うことには～」のように「～すること」という意の名詞にまとめた上でその内容となる引用文を導くものなどがある。これらク語法の平安期における実態を探る、というのがここでの課題である（表3.3）。

表3.3　ク語法の語の頻度表（本文種別ごと）

	ず	む	聞く	良し	けり	給ふ	言ふ	申す	宣ふ	総計
歌	67	13	3	1						84(53.8%)
詞書	2	1			1					4(2.6%)
会話	3	3					1	1		8(5.1%)
(空白)	2	3			1	1	46	1	6	60(38.5%)
総計	74	20	3	1	2	1	47	2	6	156(100.0%)

『平安編』の「本文種別」には、「歌」「詞書」「会話」などの情報が付与されており、「(空白)」であればそれ以外、基本的に地の文であると考えてよい。表3.3から、平安期の用例の過半数（53.8%）が歌であることがわかる。つまり、平安時代のク語法は、歌の中での表現として残っているものが大半であり、会話などで自由に使われるものではなかったと考えられる。ク語法を取る語に関しても、歌以外の例のほとんどは「言はく」（およびその敬語形「申さく」「宣はく」）であり、使われ方の限られた、生産性の低い語法であったと考えられる。

歌での使用を除き、地の文（正確には「本文種別」が「(空白)」のもの）での使用状況を作品ごと（成立年代順）にまとめたのが次の表3.4である。平安初期の『竹取物語』や『土佐日記』にはある程度の量が見られるが、それ以降はほとんど見られなくなる。時代とともにク語法が使われなくなっていく流れがうかがえる。

表3.4 地の文でク語法が見られる語の頻度表（作品ごと）

	ず	む	聞く	良し	けり	給ふ	言ふ	申す	宣ふ	総計
竹取物語						1	24	1	6	32
古今和歌集							14			14
伊勢物語							1			1
土佐日記					1		6			7
蜻蛉日記	1									1
枕草子		2								2
源氏物語	1									1
紫式部日記		1								1
大鏡							1			1
総計	2	3	0	0	1	1	46	1	6	60

解説1

言語は常に変化しており、今日観察できる現代日本語の中にも、古い言い回しの残りや、出始めの新しい言い回しが併存している。これはいつの時代にも言えることで、平安時代の文学作品に見られる言葉も、そのすべてが典型的な平安時代語、というわけではない。いわゆる「古典文法」は平安時代、具体的作品としては『源氏物語』を中心としているが、「古典語」として学習した事項の中には、平安期にも実例は見られるものの、すでに古語化していると見るべきものもある。そのひとつがク語法である。

ク語法は平安期には生産性が下がっていたといわれ、主に固定的な用法が残っている程度になっている。歌において比較的多く見られるのは、歌の固定的な表現として古い言い回しが残りやすいためであり、歌以外では漢文でもおなじみの「いはく」程度しか見られなくなっている。表3.5は、『平安編』でク語法が見られる語と、ひとつ前の時代、『奈良編』でク語法が見られる語の異なり語数の比較である。表3.3、3.4でも確認したとおり、『平安編』でク語法が見られるのは、形容詞「良し」1語、助動詞「ず」「む」「けり」3語、動詞「言ふ」「申す」など5語の計9語にとどまっていたが、『奈良編』の時点では72語と、平安に比して様々な語に付く、活発な語法であったことが確認できる。

表3.5　『奈良編』『平安編』に見られるク語法異なり語数の比較

	動詞	形容詞	助動詞	計
奈良	43	20	9	72
平安	5	1	3	9

助動詞に絞って考察を進めると、平安時代には「ず」→「なく」、「む」→「まく」、「けり」→「けらく」の三つが見られるが、特に「ず」「む」が多い。これらは「あらなくに」「ならなくに」や「かけまくも」などの形で固定化しているものが大半である。

例として「む」のク語法「まく」の実例を見てみると、以下のようなものが見られる。

(3)　思ふどちまとゐせる夜は唐錦たたまく惜しき玉津島かも（古今和歌集、雑上、20-古今 0906_00018,500）

(4)　いざここにわが世は経なむ菅原や伏見の里の荒れまくも惜し（古今和歌集、雑下、20-古今 0906_00019,22740）

(5)　老いぬればさらぬ別れもありといへばいよいよ見まくほしき君かな（古今和歌集、雑上、20-古今 0906_00018,18860）

(6)　「かけまくもかしこき御前にて」と木綿につけて、（源氏物語、賢木、20-源氏 1010_00010,30440）

(7)　「…かけまくもかしこき君の御名を申すは、かたじけなくさぶらへども」とて（大鏡、天序 30140、20-大鏡 1100_00001,30140）

表3.6は、『平安編』に20例見られる「む」のク語法の上接語の集計である。そもそもわずか20例での議論に過ぎないが、『古今和歌集』の時点では「立たまく」「荒れまく」「見まく」の3種が見られたのが、『伊勢物語』では「見まく」のみとなり、そののち現代でも祓詞として残っている「掛けまくも畏き…」「掛けまく」という固定的表現のみになっていく、という流れが見られる。

表3.6 作品別「まく」の上接語

	立つ	荒る	見る	掛く
古今和歌集	1	1	5	
伊勢物語			3	
枕草子			2	2
源氏物語				2
紫式部日記				1
大鏡				3

ひとつ時代を戻して上代語、『奈良編』での「まく」の上接語の豊富さとの比較を示したのが表3.7である。平安期の「まく」の上接語は4種のみだが、上代には36種が見られ、平安期ほど用法が固定化されていないことがわかる。また、高頻度語に注目すると、平安期にも固定的表現としてよく見られる「見まく」「掛けまく」は奈良期でも特に多くの例を得ることができるが、もう一つ、上代に多く見られた「散らまく」が平安期には見られなくなっていることがわかる。

表3.7 時代別「まく」の上接語

奈良（異なり36語）	
見る	49例
散る	20例
掛く	13例
恋ふ	4例
言ふ、寝	3例
過ぐ、荒る、降る、別る、明く	2例
会ふ、行く、入る、置く、落つ、隠る、刈る、枯る、聞く、越ゆ、染む、告ぐ、解く、問ふ、吹く、巻く、待つ、見す、守る、遣る、死ぬ、恋し、寒し、久し、ず	1例

平安（異なり4語）	
見る	10例
掛く	8例
立つ、荒る	1例

演習 1

1. 「ず」のク語法の上接語について、表 3.6 と同様の集計を行い、時代や作品ごとの傾向を調べてみよう。また、表 3.7 と同様の集計を行い、『奈良編』との比較を通じ、表現が固定化される流れを追ってみよう。
2. 平安期における「ず」のク語法は「あらなくに」という形に代表されるような「〜なくに」という形である。「ず」のク語法の下接語を調査し、「に」以外が下接する例があるか確認しよう。また、『奈良編』でも同様の調査を行い、『平安編』での結果と比較してみよう。

発展 1

1. 助動詞「らし」は平安期にはすでに古語化しているとされる。平安期の「らし」の用例を採集し、本文種別や作品に特徴がないか、調べてみよう。
2. ミ語法も平安期の時点で古語化した語法である。ミ語法の用例も同様に採集し、実態調査をしてみよう。なお、短単位検索で活用形に「ミ語法」と指定しても用例はヒットしない。ミ語法は、「形容詞語幹（「語幹」は活用形のひとつ）＋接尾辞「み」」として形態論情報が付与されているため、これを満たすような条件指定を考えて用例を取り出してみよう。または、長単位検索で活用形に「ミ語法」と指定して検索しよう。

例題 2　**平安時代の動詞の連用形撥音便について、どのような動詞が撥音便化するのか、また、作品によって撥音便の現れ方に偏りはあるのか考察しよう。**

■ データ作成の手順

① 「検索対象を選択」で「平安」にチェックを入れる。「短単位検索」で「「活用形」の「小分類」が「連用形-撥音便」」を選択し、検索結果をダウンロードする。「大分類」のままだと「連用形」までしか絞り込めないが、「小分類」を選択することで、さらに撥音便や促音便を指定することができる。

② ダウンロードしたデータを Excel で開き、ピボットテーブルを用いて語の頻度表を作成する。ピボットテーブルの「行」には「作品名」、「列」「値」

には「語彙素」を指定する。

■ 考　察

表3.8に掲げた以外の11作品には連用形撥音便は見られず、『平安編』全体の中で確認できる連用形撥音便は10例にとどまる。参考までに同じ連用形のイ音便、ウ音便、促音便のヒット件数を確認すると連用形イ音便472例、連用形ウ音便5,352例、連用形促音便440例が確認でき、同じ音便であっても連用形撥音便は平安期にはきわめて少ないといえる。また、複数例見られるのは「読む」のみ、しかも10例中半数の5例が「読む」であり、このあたりから撥音便の形が定着していったのではないかと考えられる。また、『土佐日記』は表3.8の作品中、総語数が最小であるにもかかわらず、連用形撥音便の出現頻度はもっとも高い。『土佐日記』は、連用形撥音便の出現頻度において特徴的だといえそうである。

表3.8　平安仮名文学作品での連用形撥音便出現状況

	止む	死ぬ	摘む	読む	罷る	飛ぶ	計
古今和歌集　（総語数31,293）				1			1
土佐日記　（総語数6,685）		1	1	2			4
大和物語　（総語数23,091）				2			2
枕草子　（総語数66,048）	1				1		2
源氏物語　（総語数445,716）						1	1
計	1	1	1	5	1	1	10

解説2

音便とは、語中・語尾の音が発音しやすいように変化する現象である。動詞・形容詞において古典語と現代語で活用形の語形に違いがあるのは、現代語形が音便形になっていることによる場合も多い。一般的な音便としては、「書きて」が「書いて」となるように「イ」に変化するイ音便、「早く」が「早う」となるように「ウ」に変化するウ音便、「取りて」が「取って」となるように「ッ」（促音）に変化する促音便、「読みて」が「読んで」となるように「ン」（撥音）に変化する撥音便の四つが知られている。これら音便現象は平安期から見られるようになったが、これには漢字音の流入・定着が影響を与えたといわれている。上代以前の日本語の音韻には促音や撥音はなく、母音連続を嫌うという傾向が見られ、母音音節が語頭以外にくるということは原則的にあり得なかった。これに対し、漢字音では促音や撥音があり、語中の母音連続も許容される。平安以降、漢字音の受容によって母音連続に馴染んだことは、語中に「イ」や「ウ」が存在するイ音便・ウ音便発生の契機となりえたし、音としての促音・撥音の定着がなければ促音便・撥音便はそもそも発生しない。このように漢字音の受容によって成立したとされる音便だが、イ音便・ウ音便と促音便・撥音便とでは、音便の受け入れられ方に差があり、イ音便・ウ音便に比して促音便・撥音便の定着は遅いといわれている。イ音便・ウ音便については「イ」「ウ」という音自体はもともと日本語に存在していたものであるが、促音・撥音はその音自体が日本語に存在していなかったものであり、このような違いも、平安期時点での定着度合いに差を生じさせていると考えられる。今回の調査では連用形イ音便なら472例、連用形ウ音便にいたっては5,352例を見出せるのに対し、連用形撥音便はわずか10例という少なさを確認することができた。また、撥音便・促音便については、女性に比して漢字音により馴染む機会の多い男性の方が使いやすいといわれることがあるが、表3.6でも男性作者（紀貫之）の『土佐日記』で連用形撥音便がもっとも多く見られることが確認できた。例(8)(10)は『土佐日記』において連用形「読み」が「読ん」に、連用形「死に」が「死ん」（「ん」無表記）になっている撥音便、例(9)(11)は他作品での非音便形の例である。

(8)　「そもそもいかがよんだる」と、いぶかしがりて問ふ。（土佐日記、20-土佐 0934_00001,25590）

(9)　よろしうよみたると思ふ歌を、人のもとにやりたるに、（枕草子、20-枕草 1001_00023,13560）

(10)　されども「死じ子、顔よかりき」といふやうもあり。（土佐日記、20-土佐 0934_00001,86110）

(11)　陸奥の国の守にて死にし藤原のさねきがよみておこせたりける。（大和物語、20-大和 0951_00001,194320）

例えば助動詞「たり」を下接させる「読む」の例をめぐって、(8)のような撥音便形と、(9)のように非音便形の数を比べると、表3.9のとおり、非音便形の方が圧倒的に多いことがわかる。「読む」は『平安編』において最も撥音便の例が取り出しやすい動詞であるが、それでも撥音便化しているのは全体の6%ほどにとどまっている。

表3.9 「たり」を下接させる「読む」連用形の音便形・非音便形の比較

	撥音便形（読ん）	非音便形（読み）	音便形が占める割合
読む＋たり	3	45	6.3%

これをイ音便での同様事例と比較を試みたのが表3.10である。ここでは「たり」を下接させる「書く」の連用形イ音便・非音便形の比較を行っているが、こちらは2割近くがイ音便化している。表3.9、3.10はそれぞれ特定の動詞ひとつをサンプルとした例に過ぎないが、ともに平安期ではまだ非音便形が一般的ではあるものの、イ音便と撥音便では撥音便の方が特に定着が遅れていることがわかる。

表3.10 「たり」を下接させる「書く」連用形の音便形・非音便形の比較

	イ音便形（書い）	非音便形（書き）	音便形が占める割合
書く＋たり	20	87	18.7%

上では「読みたり／読んだり」「書きたり／書いたり」といった音便形・非音便形を比較したが、これらは「音便化しても自然な形」についての考察であった。例えば「書きたり」のような「き→い」というイ音便化は考えやすいが、「書んだり」のような「き→ん」というイ音便化は考えにくい。また、イ音便形「書い」が受け入れられるとしても、「書いたり」の自然さと比べると、助動詞「けり」が続く「書いけり」はありにくい。音便とは、「発音しやすいように音が変化すること」であるので、もとの音がどのような音か、あとに続く音がどのような音であるか、ということが音便化の有無・種類を左右する。そこで、このような視点からの考察もコーパスを利用して行ってみよう。

表3.11は、連用形イ音便に下接する語、上位5語である。これらを見ると、「居る」以外はタ行音、「居る」はイ段の音であり、続く音がタ行音、イ段音である場合、イ音便化が起こりやすいことがわかる。また、表3.12は、『平安編』において連用形イ音便が見出せる動詞の活用型の一覧である。 ここからは、

表 3.11 連用形イ音便形に下接する語

1位	たり（180例）
2位	給ふ（176例）
3位	て （43例）
4位	居る （27例）
5位	奉る （15例）

表 3.12 『平安編』において連用形イ音便の例がある動詞

文語四段-カ行
文語四段-ガ行
文語四段-サ行
文語四段-ラ行

『平安編』の時点ではカ行・ガ行・サ行・ラ行四段の連用形、すなわち「き」「ぎ」「し」「り」がイ音便化することがわかる。

なお、音便については、第5章（室町時代）でも扱っている。

演習2

1. 表3.11では上位5語までを示すにとどまっているが、連用形イ音便のあとにくる語をすべて抽出・集計し、タ行・イ段以外の音がどのくらいあるか、それらはどの作品から現れるかを確認し、イ音便形の広がりについて考えてみよう。
2. 連用形撥音便のあとに続く語の一覧を作成し、どのような連接から撥音便が定着していったのか考えてみよう。また、連用形ウ音便のあとに続く語の一覧も作成し、撥音便化する際の語と重なるものがあるか比較してみよう。

発展2

連用形イ音便のうち、カ行四段・サ行四段の動詞については『平安編』でもある程度の例が得られる。カ行四段・サ行四段それぞれの連用形イ音便の例を収集し、どのような作品に見られるか、また、各動詞の非音便形との数量的比較を通じ、カ行とサ行で連用形イ音便定着の時期・度合いに違いがあるか考えてみよう。

コラム

コーパス＝活字化・電子化された文字資料を使うということの注意点

現代において、読点「、」の打ち方には明確な規則がないため、書き手の特徴を浮かび上がらせる手段の一つとして読点の打ち方を見る、という方法がありうる。これに倣い『平安編』において『枕草子』と『源氏物語』の一文あたりの読点数を比較したり、読点が打たれている位置を比較することで清少納言と紫式部の書きぐせを研究する、ということを考えついたとしたら、これは適切な研究になりうるだろうか。このような課題は、実は成り立たない。句読点は現代の活字形式で出版するにあたってあとから付与されたものであり、原著者が書いた段階では存在していないものだからである。このように、書籍・あるいはコーパスという形で古典資料を扱う場合、それらは「手を加えられた結果のもの」であるということを認識しておく必要がある。現代の我々が読みやすい形に整えられたテキストは、句読点が付与され、漢字や仮名などの表記も調整されている。コーパスを使えば集計は容易で、明確な数という形で結果を出すことができる。しかし、手を加えた資料であるが故の事情を理解していなければ、その調査自体が無意味なことになりかねない。そこで原資料と現代の書籍形態の資料の違いについて、最低限の知識を持っておくことが必要である。

上の例題では音便現象という、音の問題を扱ったが、このような調査はあくまで参考・予備調査という位置づけにとどまるものである。そもそもコーパスに限らず、文字資料を根拠に音を知ろうとするということ自体に様々な問題・制約がある。特に古典語の場合、複数の異本を校合して本文をつくり、それを現代人が読めるように規範的な形で活字化し、さらにコーパスの場合には電子化を経たうえでの文字が調査対象となっていることになる。音声そのものを対象にできないのはもちろんであるが、例えば活字化された『源氏物語』を使った時点で、それは『源氏物語』そのものの文字を読み取っているのですらなく、原資料に対し様々に手を加えられた結果の表記を手掛かりにしていることになる。そのため、ここでの調査はあくまで、『平安編』のもととなった小学館『新編日本文学全集』での本文表記をもとにした調査である、ということを自覚しておく必要がある。ここで紹介した方法は、大規模で均質な電子データがあれば、使い方次第で音韻研究の「手掛かり」が簡単に得られる、ということであって、その時代の音についてより正確な研究をするのであれば、校合の結果の現代書籍版ではなく、「現物」、それものちの時代の写本ではなく、当時の原本が残る資料にあたり、きちんと確認する必要がある。

これまでの日本語史研究において明らかになってきた音便現象の様々な事実は、平安時代の原本が残っている訓点資料などと丁寧に向き合う作業の中で蓄積されてきたものである。『平安編』には日記や物語など、和文資料が収録されているが、これは平安時代の文章世界のうちの一方を集めたに過ぎず、もう一つの大きなジャンルとして漢文系資料が存在する。平安時代には平仮名・片仮名が成立したことが知られているが、この二つの仮名は、それぞれ成立した文章世界が異なり、平仮名は宮中の女性を中心に和文の世界で、片仮名は学僧男性を中心に漢文訓読の世界で成立したものである。このように和文の文章世界と漢文訓読の文章世界では、使用する仮名や語彙など様々な違いがあるが、両者は全く独立しているわけでもなく、互いに影響を与えあっている（次の例題も参照）。一般に「平安時代の古典」といわれたときにイメージされるのは和文資料であるが、日本語の歴史をとらえるには漢文訓読資料も活用することが必要になる場合も多い。コーパスを使えば調査は簡単に行えるが、コーパスに収録されているものは資料の性質からいっても、ジャンルからいっても制限のかかったものであるので、最後までコーパスにとどまるのではなく、コーパス利用によって得られた見通しをもとに、より適切な資料にあたるという姿勢が、歴史研究では必要となる。

例題 3　**助動詞「まじ」は助動詞「べし」を打ち消したもの、と位置づけられることが多いが、だとしたら「べし」に打消の助動詞「ず」を足した「べからず」と「まじ」はどのように違うのか、あるいは違わないのか。まずは出現頻度を比較してみよう。**

■ データ作成の手順

「検索対象を選択」で「平安-仮名文学」にチェックを入れる。「短単位検索」で「「語彙素」が「まじ」」を選択し、検索結果のヒット件数を確認する。同様に「「語彙素」が「べし」」を選択したうえで、「後方共起条件の追加」を行い、「後方共起 1「キーから」「1」「語」」（「後方共起条件の追加」を選択すると、基本的にこの状態になっている）という指定はそのまま、「「語彙素」が「ず」」を選択し、ヒット件数を確認する。

■ 考　察

似たような意味であると考えられる形式が複数ある場合、一方が優勢でよく使われ、もう一方はあまり使われない、というケースや、両者ともに使われており、何らかに使い分けがされている、というケースなどが考えられる。そこで、まずは両者の頻度を比較し、一方が優勢、というようなことがあるのかを確認したい。表 3.13 から、「まじ」「べからず」の頻度を比較してみると、「まじ」の用例は 780 例採集できるのに対し、「べからず」は 11 例を数えるのみであり、平安仮名文学においてはほとんど使われていないことがわかる。平安仮名文学においては、「べし」を打ち消したい場合には「べからず」のように「ず」を足すのではなく、専用の助動詞一語「まじ」が使われていたと考えられる。

さて、少ないながら存在する「べからず」の用例は、次のようなものである。

(12) 「…職員令に、「太政大臣におぼろけの人はなすべからず。その人なくは、ただにおけるべし」とこそあんなれ。…」(大鏡、20-大鏡1100_01015,21640)

(13) この皇子、「今さへ、なにかといふべからず」といふままに、(竹取物語、20-竹取0900_00001,40470)

(14) おとど、「さらに知らぬことなれば、ともかくも聞こえ申すべからず。…(落窪物語、20-落窪0986_00003,31580)

表 3.13 平安仮名文学作品に見られる「まじ」「べからず」の頻度

	まじ	べからず
竹取物語	9	1
古今和歌集	1	0
伊勢物語	4	0
土佐日記	2	0
大和物語	10	0
平中物語	5	0
蜻蛉日記	28	0
落窪物語	33	4
枕草子	50	1
源氏物語	577	1
和泉式部日記	6	0
紫式部日記	11	0
堤中納言物語	9	0
更級日記	3	0
大鏡	28	2
讃岐典侍日記	4	2
計	780	11

これらはすべて、「べからず」が会話文内に出現している。そこで今度は「本文種別」に注目し、「べからず」全例について、「本文種別」において「会話」「会話－発話引用」を会話文とし、空白のものを地の文とみなして集計すると、表3.14の通りとなる。

表 3.14 平安仮名文学作品に見られる「べからず」の本文種別

	会話文	地の文
竹取物語	1	0
落窪物語	3	1
枕草子	0	1
源氏物語	1	0
大鏡	2	0
讃岐典侍日記	1	1
計	8	3

表3.14から、「べからず」は地の文よりも会話文に多く見られることがわかる。

解説 3

平安期の「べからず」は主に漢文訓読体で用いられ、代わりに和文体では「まじ」が主に用いられていたことが知られている。『平安編』の本文は和文体の仮名文学作品であり、そのため「べからず」がほとんど見られない、ということが表3.13からも確認できたことになる。このように、同時代であっても和文体か漢文訓読体か、といった文体環境によって使用傾向が異なる場合がある。単に時代で区切るのみならず、文体などの特性によって考察する、というのも重要な視点の一つである。上掲例文(12)は職員令の引用であり、このようなものは漢文訓読体の用例とみなすこともできよう。平安末期の『今昔物語集』は漢文訓読体の影響が色濃いとされるが、実際に『今昔物語集』での使用状況を『日本語歴史コーパス』で確認（『日本語歴史コーパス』では『鎌倉時代編』に含まれている）すると、「べからず」161例、「まじ」101例という結果が得られ、このようなテキストでは「べからず」が多く見られることがわかる。『今昔物語集』では、「べからず」の方が多いとはいえ、「まじ」の用例も多数採集できる。ここでの使い分けが何らかに存在するかを、実例をもとに考察する、というのも課題の一つといえよう。

和文体の中で漢文訓読体で見られるはずの語が現れる例は、男性の会話文中である場合が比較的多いとされる。これは高貴な男性は漢文に親しんでいるためであり、単に性別差できれいに片づけられるものではなく、男性であっても身分が低く漢文に明るくない場合は漢文訓読語は現れにくく、また、女性であっても漢文に親しむような特殊な環境にあった人物であれば、漢文訓読語が現れることがある。例(15)は『源氏物語』「帚木」より、博士の娘の発話であるが、「博士の娘」という環境から、漢語の使用が目立つ例として知られている。下線部のとおり、この短い範囲で4ヶ所も漢語名詞・漢語サ変動詞が用いられているが、これらの語はすべて、『平安編』内でここでしか用例の見出せない、特殊なものであり、「博士の娘」のいかにも賢そうな、変わった物言いを特徴づけている。

(15)　「月ごろ風病重きにたへかねて、極熱の草薬を服して…」（源氏物語、20-源氏1010_00002,126330）

さて、表3.14の確認に戻ると、少ないながら存在する平安期和文の「べからず」は会話文に集中しており、さらにこれらの話者の性別・身分などについて確認したいところである。「中納言」での検索結果の情報としては、「話者」という項目があるが、「話者」欄に情報が付与されていないものも多い。そのような場合は実際の本文に戻って確認する必要がある。上掲例(13)(14)の話者は「皇子」「おとど」であり、高貴な男性であることが確認できる。コーパスを用いた研究では、数を出す、ということをゴールにしがちであるが、「用例数」という形だけにしてしまったら見えなくなることも存在するということは常に意識しておかねばならない。表3.14のような事例であれば用例数も多くないため、1例ずつ確認するのも十分可能であり、実例に戻って発話者やその背景を確認する、というのも現実的な課題である。

演習3 断定の助動詞「たり」は漢文訓読体に用いられ、平安時代の和文体にはほとんど見られないといわれる。「名詞＋たり」「形状詞＋たり」が『平安編』内でどの程度見られるのか確認してみよう。また、『今昔物語集』を検索対象に含めた場合、「べからず」と同様、豊富な用例が得られるのか調べてみよう。

発展3 漢語形容動詞は、和文体の中では「せち（切）なり」など、一部よく見られるもの以外はほとんど見られない。平安期の和文に現れる漢語形容動詞（「中納言」の検索方法としては「形状詞」）にはどのようなものがあるか調べ、本文種別ごとに集計してみよう。また、会話文の場合、話者の性別、身分などにどのような特徴があるか、必要に応じ本文に戻って確認してみよう。

例題4 **下二段活用の「給ふ」はどのような動詞に付くのか、上接する動詞に注目して分析してみよう。**

■ データ作成の手順

① 「検索対象を選択」で「平安」にチェックを入れる。

② 下二段活用（以下「下二」）の「給ふ」の用例調査であるが、「給ふ」がついている動詞をリスト化したいので、「キー」には「給ふ」の前の動詞がくるように「「品詞」の「大分類」が「動詞」」と指定し、「後方共起」に下二の「給ふ」がくるように指定する（語彙素は現代語形・現代仮名で指定

するため、語彙素「給える」と指定)。

③ 検索

④ ダウンロードしたデータをExcelで開き、ピボットテーブルを用いて語の頻度表を作成する。ピボットテーブルの「行」「値」に「語彙素」を指定する。

■ 考 察

表3.15に掲げたのは『平安編』における下二「給ふ」の上接動詞すべてであり、異なりにして9語しかないことがわかる。また、そのうちのほとんどが「思ふ」「見る」の2語である。

参考までに、四段「給ふ」(表3.16)と比較してみると、四段の「給ふ」の上接語は異なりにして765語とバラエティに富み、もっとも頻度の高い「聞こゆ」でも全体の9.8%を占めるにとどまる。これと比べると下二の「給ふ」は異なりにして9語にしか接続せず、うち約8割が「思ふ」、続く「見る」と合わせ2語で全体の約97%をカバーするという際立った偏りが見られる。このことから、下二の「給ふ」には上接動詞に制限があるということがわかる。

表3.15 下二「給ふ」の上接動詞

思ふ	539(79.7%)
見る	120(17.8%)
聞く	10 (1.5%)
失ふ	1 (0.1%)
聞こゆ	1 (0.1%)
知る	1 (0.1%)
置く	1 (0.1%)
持つ	1 (0.1%)
奉る	1 (0.1%)

表3.16 四段「給ふ」の上接動詞(上位10語)

聞こゆ	1,570(9.8%)
す	1,020(6.4%)
奉る	610(3.8%)
出づ	580(3.0%)
見る	572(3.6%)
ものす	508(3.2%)
参る	476(3.0%)
渡る	360(2.2%)
聞く	280(1.7%)
居る	277(1.7%)
…	…
(異なり765語)	(総計16,035語)

解説4

従来より下二の「給ふ」に関しては、四段の「給ふ」にはない様々な使用制限が経験的に指摘されている。そのうちの一つが上接動詞であり、「思考・認識に関する動詞に付く場合が多い」ということが指摘されてきた。今回の調査では、「思考・認識」といっても実体はさらに狭く、平安期ではほぼ「思ふ」「見る」の2語に尽くされることを確認することができた。

平安時代は敬語の体系が発達した時期である。様々な動詞に「〜給ふ」「〜奉る」などの動詞を合わせることで尊敬や謙譲を表す、といった表現方法は、古典に見られる敬語法の代表的な形式であるが、このような敬語補助動詞はこの時代に盛んになったものである。また、上代では尊敬・謙譲の二分であったのに対し、謙譲語から丁寧語（この時代では「侍り」が代表的）が分派したのもこの時代からである。尊敬・謙譲はその文における動作の主者への敬意か、動作の相手への敬意かによる区分であったが、これに対し、文内の動作の「相手」ではなく、その文を伝える「相手」、すなわち読者・聞き手といった者への敬意を表すのが丁寧語である。ここで課題とした下二の「給ふ」は、平安に入ってから補助動詞として現れ、平安末期には衰退した表現である。自分の行為をへりくだって表現する言い方であり、「へりくだった表現」という点において謙譲語とされることが多いが、動作の相手に敬意を表すわけではなく、話し相手、すなわち読者・聞き手に対し自らをへりくだるという態度を示している点において丁寧語とする見方もある。このような敬語は平安期の中でもやや特殊な存在であり、ここでの特殊性が上接動詞の制限にも影響を与えているようである。なお、「自分の行為をへりくだって表現する」という下二の「給ふ」の特徴としては、その性格ゆえに上接動詞の偏りのほかに2点、(a)一人称での使用に偏る、(b)会話文や手紙文などに多く見られ、地の文には表れにくい、ということが知られている。(a)の人称については、特に古典語の文章では外形的・機械的に人称を確認することは難しく、コーパスを利用して各文の人称を確認するには工夫が必要であり、その方法を考えること自体が課題の一つといえるが、(b)「会話文や手紙文に多い」という点については「本文種別」を利用すれば簡単な確認が可能である。

表3.17は下二「給ふ」全675例を本文種別ごとにまとめたものである。これをみると、会話文が圧倒的に多く、会話文・手紙で98%を占めることが確認できる。本文種別「空白」については、会話・手紙以外という例外であり、用例数も11と実際に検討可能な数であるため、これらの用例を実際に検討してみるのも一つの課題である。例文(16)は、「本文種別」の情報としては「会話」ではなく「空白」となっている例の一つであるが、「と思ひ出で」と続いており、心

内発話であることがわかる。このような場合は結局会話文に準ずると見ることができよう。

（16）　あやしく、なべての世すさまじう思ひたまへけるなりけりと思ひ出でたまふにいみじうて（源氏物語、柏木、20-源氏 1010_00036,111850）

「空白」の中にもこのような例があるとすると、残る10例も、何らかに会話文的といえるのかもしれないし、あるいは会話文・手紙以外で下二の「給ふ」が使える場合の傾向が見つかるかもしれない。ここから先は、実際の用例と向き合っていくことになろう。

表 3.17　下二「給ふ」の本文種別

会話	641（95%）
手紙	23（3%）
（空白）	11（2%）

演習 4

1. 会話文や手紙ではない、下二「給ふ」の用例を抽出し、実際の用例を眺めて何らかに特徴がないか、考えてみよう。下二「給ふ」の用例すべてをダウンロードしてから絞り込んでも構わないが、検索段階で「検索対象を選択」の中で、「本文種別」を絞り込むことが可能である。
2. 下二「給ふ」で「思ふ」「見る」以外の動詞についている場合について、作品に偏りがないか、調べてみよう。

発展 4

完了の助動詞「つ」「ぬ」の上接動詞に関しては、意志的・動作的な動詞は「つ」、非意志的・変化的な動詞は「ぬ」が接続するという傾向が指摘されているが、一方で例外も多いという。『平安編』での上接動詞をリスト化・集計し、実態を調べてみよう。データ量が大きくなるため、環境によっては、『平安編』全体でなく、特定作品に絞って集計するのもよいだろう。

参考文献

青葉ことばの会（編）（1998）『日本語研究法　古代語編』、おうふう
佐藤喜代治（編）（1982）『講座日本語の語彙　第三巻古代の語彙』、明治書院

田中牧郎（編）（2015）『コーパスと国語教育』、朝倉書店
築島裕（1987）『平安時代の国語』、東京堂出版
築島裕（1986）『歴史的仮名遣い―その成立と特徴』、中央公論社
築島裕（1991）『平安時代の漢文訓読語につきての研究』、東京大学出版会
沼本克明（1986）『日本漢字音の歴史』、東京堂出版
橋本進吉（1949）『国語法研究（橋本進吉博士著作集第二冊）』、岩波書店
松尾捨治郎（1936）『国語法論攷』、文学社
馬淵和夫（1971）『国語音韻論』、笠間書院
山田孝雄（1952）『平安朝文法史』、宝文館
山口明穂・坂梨隆三・鈴木英夫・月本雅幸（1997）『日本語の歴史』、東京大学出版会

第4章
鎌倉時代

池上　尚

導入　**『鎌倉時代編』で、〈神仏などに向かい、手を合わせたりひざまずいたりして礼をする〉行為を表す語彙「拝む」「礼拝」を検索してみよう。また、同様の検索を『平安時代編』でも行い、『鎌倉編』の結果と比較してみよう。時代・作品別の頻度から、それぞれの語がどのような作品・文体で使用されやすいといえるだろうか。**

『日本語歴史コーパス』の「中納言」で「短単位検索」のタブを開き、「検索対象を選択」をクリックし、「平安」の「コア」、「鎌倉」の「コア」にチェックを入れ、「「語彙素」が「拝む」」と指定し検索してみよう。そして、検索結果をもとに作品別の頻度を数えよう。同じように、「「語彙素」が「礼拝」」と指定し検索し、作品別の頻度を数えよう。検索の結果をまとめると表4.1のようになる。

表4.1より、和語「拝む」は、平安時代・鎌倉時代ともに幅広い作品で使われていることがわかる。これに対し、漢語「礼拝」は平安時代に例が見えず、鎌倉時代で比較的よく使われることがわかる。

(1)　大将殿、すこしのどかになりぬるころ、例の、忍びておはしたり。寺に仏など拝みたまふ。(源氏物語・浮舟、20-源氏 1010_00051,132070)

(2)　香花并も油を、相構て買求て、此れを持て彼の釈迦の御前に詣で、此の香花灯を仏の前に供し奉て、礼拝して仏に申して言さく、(今昔物語集・巻第12、30-今昔 1100_12015,2070)

表 4.1 「拝む」「礼拝」の作品別頻度

	作品＼語彙素	拝む	礼拝
平安編	大鏡	5	0
	竹取物語	2	0
	伊勢物語	2	0
	源氏物語	14	0
	古今和歌集	1	0
	更級日記	4	0
	土佐日記	1	0
	枕草子	9	0
	落窪物語	1	0
	蜻蛉日記	1	0
鎌倉編	今昔物語集	35	49
	方丈記	1	0
	宇治拾遺物語	42	2
	十訓抄	6	1
	徒然草	4	0
	海道記	1	0
	東関紀行	2	0
	とはずがたり	10	0

例題 1 **「美麗なり」のように「○○ナリ」と活用する形容動詞として使われる語の語幹に着目し、その語種に平安時代と鎌倉時代とでどのような違いが見られるか考察しよう。**

■ データ作成の手順

① 「中納言」で「長単位検索」のタブを開き「検索対象を選択」をクリックし、「平安」の「コア」、「鎌倉」の「コア」にチェックを入れる。「品詞」は、形容動詞語幹にあたる「形状詞」のうちナリ活用に限定するため、「「品詞」の「中分類」が「形状詞-一般」」を選択して検索し、検索結果をダウンロードする。

② ダウンロードしたデータを Excel で開き、ピボットテーブルを用いて、時代別の語種比率を延べ語数・異なり語数それぞれについて計算する。結果は表 4.2、4.3 のようになる。なお、ピボットテーブルによる語種比率の集計手順は、付録 8.4（p. 171）や特設サイト「語種構成比率の変遷の調査方法」web を参照されたい。

表 4.2　「形状詞-一般」の語種比率（延べ語数）

時代＼語種	和	漢	混	総計
平安	89.5%	4.7%	5.9%	100.0%
鎌倉	76.7%	16.9%	6.4%	100.0%
総計	86.1%	7.9%	6.0%	100.0%

表 4.3　「形状詞-一般」の語種比率（異なり語数）

時代＼語種	和	漢	混	総計
平安	88.8%	7.2%	4.0%	100.0%
鎌倉	67.9%	28.8%	3.4%	100.0%
総計	80.7%	15.6%	3.7%	100.0%

■ 考　察

「○○ナリ」と活用する形容動詞の語幹にあたる「形状詞-一般」の語種で大半を占めるのは、『平安編』『鎌倉編』ともに和語である。ただし、二つのサブコーパスでその比率を比較してみると、延べ語数で89.5%から76.7%へ、異なり語数で88.8%から67.9%へと、『鎌倉編』になると和語比率は低くなることがわかる。一方で、漢語比率は、延べ語数で4.7%から16.9%へ、異なり語数で7.2%から28.8%へと、『鎌倉編』では約4倍になる。『平安編』ではもっぱら和語を使用していた物事の状態・性質の表現において、『鎌倉編』では漢語の進出が認められるのである。なお、異なり語数の語種比率（表4.3）を計算する過程で作成する語彙頻度表を見ればわかる通り、『平安編』『鎌倉編』における混種語は、和語＋漢語「様（ヨウ）」（例「斯様（カヨウ）」「然様（サヨウ）」など）や、漢語＋和語「気（ゲ）」（例「大事気（ダイジゲ）」「執念気（シュウネゲ）」など）のように、すべて漢語と和語から構成される（和漢）混種語である。後世のように外来語が関与する語種ではないため今回は取り上げず、和語と漢語にしぼって考察を進める。

さて、上述の和語と漢語の使用傾向を具体例で確認するために、〈美しいさま〉を表す形状詞に着目してみる。語彙頻度表を見ると、『平安編』には漢語「美麗」「端正」が出てこないのに対し、『鎌倉編』では「美麗」が15例、「端正美麗」が1例、「端厳美麗」が1例、「端正」が17例、それぞれ用いられていることがわかる。

(3) ［藤原朝成］その顔、きはめて憎さげなり。笛を吹く由、聞こしめして、雲大をたまひければ、内裏もひびくばかり吹きたりけり。形もたちまちに美麗にぞ見えける。（十訓抄・第10、30-十訓 1252_10057,3550）

(4) 今は昔、大和の国十市の郡庵知の村の東の方に住む人有けり。家大きに富め、姓は鏡造也。一人の女子在り。其の形端正也。更に此様の田舎人の娘と思ず。（今昔物語集・巻20、30-今昔 1100_20037,690）

それでは、和語ではどうだろうか。『平安編』では「美し気」が92例、「事麗し気」が1例、『鎌倉編』では「美し気」が5例、それぞれ用いられている。ただし、サブコーパス自体の規模を考慮した上で頻度を比較しなければならないので、今回は10,000語あたりの調整頻度を計算することで双方の頻度を比較してみると、『平安編』の「美し気」は1.22、「事麗し気」は0.08となる。また、『鎌倉編』の「美し気」は0.01となる。よって、これらの和語形状詞は『鎌倉編』よりも『平安編』の方で多用されていることがわかる。

(5) 僧都の君、赤色の薄物の御衣、紫の御袈裟、いと薄き薄色の御衣ども、指貫など着たまひて、頭つきの青くうつくしげに、地蔵菩薩のやうにて、女房にまじりありきたまふも、いとをかし。（枕草子、関白殿、二月二十一日に、法興院の、20-枕草 1001_00260,78510）

(6) ［石の辛櫃を］あけて見れば、尼の年二十五六ばかりなる、色美しくて、唇の色など露変らで、えもいはず美しげなる、寝入りたるやうにて臥したり。（宇治拾遺物語・巻6、30-宇治 1220_06002,3350）

さらに、〈美しいさま〉を表す和語形状詞にはほかにも「清気（キヨゲ）」「清ら（キヨラ）」「清ら（ケウラ）」がある。語彙頻度表をもとに計算した調整頻度からは、これらの和語形状詞も「美し気」「麗し気」と同様、『平安編』で多用されていることがわかる。すなわち、『平安編』では、「清気」2.38、「清ら（キヨラ）」1.80、「清ら（ケウラ）」0.15であるのに対し、『鎌倉編』では、「清気」0.91、「清ら（キヨラ）」0.05、「清ら（ケウラ）」0.02と頻度が低い。

以上のことから、〈美しいさま〉を表す形状詞のうち、和語は『平安編』で、漢語は『鎌倉編』で、それぞれ特徴的に使用されていたと推測される。意味や品詞を限定した場合にも、『平安編』と『鎌倉編』とでは使用する語種の傾向に違いが認められるのである。

解説1　古代語における語彙体系の変化

1.　和語と漢語　日本語の語彙は、大和ことばとも呼ばれる和語のみで古くは成り立っていた。しかし、4世紀から5世紀における渡来人の増加により、様々な中国文化がもたらされる過程で漢文に接し、その訓読を通して漢語を日本語の中に取り込んでいった。同時に、漢字という文字言語を獲得したことで、漢文での書記も可能になった。ここにおいて、日本固有の語彙である和語は口頭語・話し言葉として、中国由来の語彙である漢語は文章語・書き言葉として、対立・共存するという、日本語の文体、語彙体系の特異性が生まれることになった。

2.　和文・漢文訓読文・和漢混淆文　中国から移入した漢字の意味を捨象し、音・訓を利用した万葉仮名が生まれた後、これを草体化・簡素化し平仮名がつくられた。文芸・書芸の志向の高まりとともに、平安中期ごろには平仮名で書かれた文章、すなわち和文が誕生した。『平安編』に収録されている作品も平安時代の代表的な和文であるが、この時代には和文と別に、漢文の訓読が習慣化したことで生まれた漢文訓読文も存在した。和文系文章と漢文系文章という文体の対立構造は、平安時代末期から鎌倉時代にかけて徐々に様相を変えていく。和文・漢文訓読文それぞれに特徴的であった和語・漢語に、当時の俗語を統合した語彙体系を持つ新たな文体が登場するのである。連綿と続く情緒的な和文と、論理的で明快な漢文とが混淆し、本来は異なる位相で用いられていた語彙が同一資料に現れる和漢混淆文の誕生である。和漢混淆文を、二つの文体の混在と見れば『今昔物語集』に、融合と見れば『方丈記』や『平家物語』に、その端緒が認められる。『鎌倉編』には、こうした和漢混淆文の代表的な作品が収録されていることになる。

3.　漢語の進出　平安時代の仮名文学作品は和語を基調とした和文で、話し言葉を反映しているといわれる。しかし、これらの作品が当時の書き言葉であった漢語をまったく使用しないわけではなく、物語や日記などの散文では少なからずその使用が確認できる。漢語を意図的に排除しようとする和歌集などの韻文を除き、和文における漢語の進出は時代が下るにつれて加速していった。

この様子を計量的に概観することのできるデータとして、『日本古典対照分類語彙表』（宮島ほか編、2014）がある。これは、『古典対照語い表』（宮島編、1971）の改訂増補版で、奈良時代成立の『万葉集』から鎌倉時代成立の『徒然草』まで、計17作品における自立語の頻度・分類語彙表番号を対照できる表である。付属のCD-ROMには本書の内容がExcelファイルで保存されており、この頻度表データを利用して、図4.1のような語種比率のグラフを作成することができる。なお、『日本古典対照分類語彙表』では、『日本語歴史コーパス』が外来語に含める梵語を漢語として扱うため、図4.1では外来語を除いた和語・漢語・混種語（和語・漢語の組み合わせからなる語）の三つの語種が掲出されている。

図4.1からは、奈良時代から鎌倉時代にかけて和語比率が低くなっていき、漢語比率が相対的に高くなっていくさまが見て取れる。平安時代と鎌倉時代それぞれの代表として『源氏物語』『平家物語』の漢語比率を比較してみると、8.9%から43.1%へと5倍弱も増加しており、漢語の進出は顕著である。しかし、これを単純な言語変化と見るのは早急である。前田（1984）は、平安時代の和

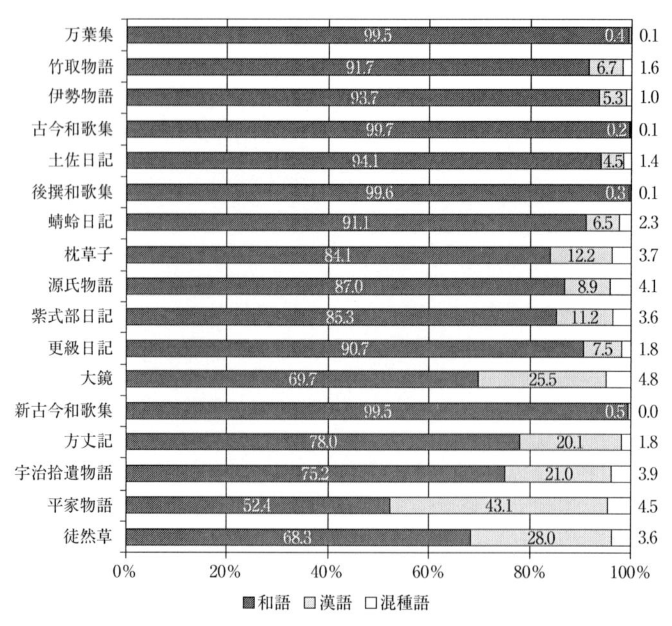

図4.1 『日本古典対照分類語彙表』の語種比率（自立語・異なり語数）

文や鎌倉時代の軍記物語、室町時代の抄物などの語種構成比率を明らかにし、時代が下るにつれて漢語・混種語の比率が高くなる傾向はあるが、時代差というよりも、各作品の文体差に起因する変化であると指摘する。和漢混淆文で書かれる軍記物語や、漢文を典拠とする抄物などによって中世の語彙を代表させようとすると、これらが下地とする漢文訓読体の影響で必然的に漢語比率が高くなるということである。少なくとも語種比率に関しては、話し言葉要素の強い平安時代の和文と、書き言葉要素の強い鎌倉時代の和漢混淆文とを、各時代の代表として単純に比較することはできず、作品それぞれの文体を踏まえた上で言語変化を記述する必要がある（本書第1章 **3.3** 参照）。

コラム

鎌倉時代の日本語資料

院政・鎌倉時代の代表的な日本語資料には、『鎌倉編』に収録されている説話・随筆・日記・紀行のほかに軍記物語（今後『鎌倉編』に収録予定）もある。貴族中心の平安時代から武士が台頭する鎌倉時代へ移り、『保元物語』『平治物語』『平家物語』『太平記』といった多くの軍記物語がつくられた。この時代、貴族文化を受容した武士は文章の読み書きの水準を高め、鎌倉新仏教の布教により仏教が庶民生活に入っていくことで識字人口が増大するなどして、平安時代よりも幅広い階層の日本語が資料として残されることとなった。

さて、図4.1で見たように、軍記物語の代表的な作品である『平家物語』は、平安時代に比べ漢語比率が高い。『日本古典対照分類語彙表』を利用し、この作品に用いられる漢語を眺めると、「追討」「合戦」「軍兵」などの武家語彙や、「仏法」「菩提」「祈誓」といった仏教語彙が目に付く。作品が題材とするテーマからこうした漢語が多用されることで、全体の漢語比率が上がると考えられる。

ところで、『平家物語』を資料として研究をする際には、膨大かつ多様な異本が存在することに注意が必要である。和漢混淆文の典型とされるのは、異本の中でも覚一本系統の語り本である。さらに、文章のジャンルによりその性格は様々である。すなわち、和漢混淆文は「地の文」に認められるものであって、「往来の文」（平曲家のいわゆる読み物）は漢文訓読文、「謡ひ物」（和歌・歌謡・朗詠など）は韻文、当時の談話語を描写した「詞」は当時の口語を含むというものである（山田、1929）。また、延慶本は漢文訓読文的で、覚一本は和文的であるなど、その文体は諸本により様々である。小学館『新編日本古典文学全集』の『平家物語』は覚一別本の高野本を底本としており、和語が主で漢語が従という関係が認められ、文体としては和文体を基盤に漢文体が融合した多分に和文的な性格を持つ。しかし、作品冒頭「祇園精舎の鐘の声……」などは、要所に漢語を使い、対句的な表現の繰り返しにより漢文的に感じられる。そして、七五調の流麗な和文的部分(7)や、促音便・オノマトペ・俗語を取り入れた当時の話し言葉を生き生きと描写する部分(8)があるなど、地の文を単純に一つの文体と括ることは難しい（前田、1972)。

（7）　亀山のあたりちかく、松の一むらある方に、かすかに琴ぞきこえける。峰の嵐か松風か、たづぬる人の琴の音か、おぼつかなくは思へども、駒をはやめてゆくほどに、片折戸したる内に琴をぞひきすまされたる。（平家物語・巻第六・小督、『日本語歴史コーパス』未収録）

（8）日のはじめより、根元与力の者なりければ、殊につよういましめて、坪の内にぞひッすゑたる。入道相国、大床にたッて、「入道かたぶけうどするやつが、なれるすがたよ。しやつここへひき寄せよ」とて、縁のきはにひき寄せさせ、物はきながら、しやッつらをむず〳〵とぞふまれける。（平家物語・巻第二・西光被斬、『日本語歴史コーパス』未収録）

同じ和漢混淆文であっても、『宇治拾遺物語』『十訓抄』は比較的その文体が均一である。『平家物語』のように全体を通して部分的に文体差が指摘できるものや、『今昔物語集』のように巻ごとに文体差があるもの（**解説2**参照）など、和文体・漢文訓読文体の混淆の様相は作品によって違いが大きい。

4.　鎌倉時代作品における漢語　ここで、図4.1の中でも特に鎌倉時代成立の作品に注目したい。先に触れたように、『平家物語』では漢語が和語と拮抗する勢いを見せるが、同時代成立の『方丈記』『宇治拾遺物語』では漢語比率は20％程度であり、作品によって漢語の進出の度合いが大幅に異なることもわかる。このことをより多くの作品で確認するために、『鎌倉編』のコアデータを利用して語種構成比率を計算してみる。ピボットテーブルを用いて作成したグラフが次の図4.2である。なお、ピボットテーブルによる語種構成比率の集計手順は、付録8.4（p. 171）や特設サイト「語種構成比率の変遷の調査方法」web を参照されたい。

図4.2の漢語比率に注目してみると、その比率が高い順に、『海道記』『十訓抄』＞『今昔物語集』『徒然草』『とはずがたり』＞『宇治拾遺物語』『東関紀行』

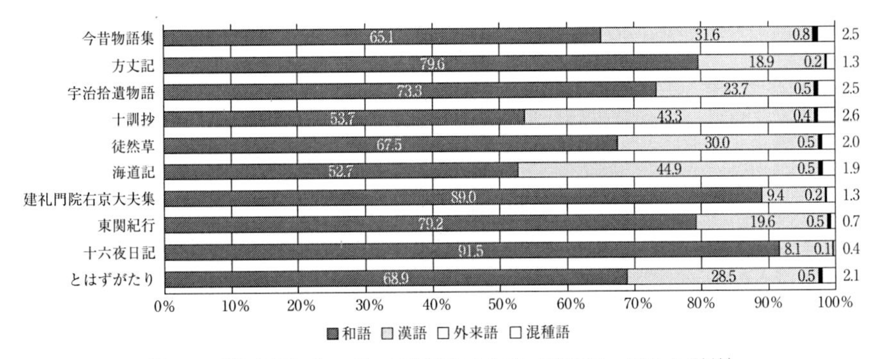

図 4.2　『鎌倉編』（コア）の語種構成比率（自立語・異なり語数）

表 4.4　『宇治拾遺物語』の漢語

語彙素	語彙素読み	語種	品詞	頻度
様	ヨウ	漢	名詞-普通名詞-形状詞可能	464
僧	ソウ	漢	名詞-普通名詞-一般	144
法師	ホウシ	漢	名詞-普通名詞-一般	91
経	キョウ	漢	名詞-普通名詞-一般	75
大	ダイ	漢	接頭辞	57
僧正	ソウジョウ	漢	名詞-普通名詞-一般	56
一	イチ	漢	名詞-数詞	47
人	ニン	漢	接尾辞-名詞的-一般	47
坊	ボウ	漢	名詞-普通名詞-一般	47
弟子	デシ	漢	名詞-普通名詞-一般	44
気色	ケシキ	漢	名詞-普通名詞-一般	43
郡司	グンジ	漢	名詞-普通名詞-一般	41
女房	ニョウボウ	漢	名詞-普通名詞-一般	41
京	キョウ	漢	名詞-普通名詞-一般	39
納言	ナゴン	漢	名詞-普通名詞-一般	39
例	レイ	漢	名詞-普通名詞-一般	39
寺	ジ	漢	接尾辞-名詞的-一般	35
供養	クヨウ	漢	名詞-普通名詞-サ変可能	33
上人	ショウニン	漢	名詞-普通名詞-一般	33
五	ゴ	漢	名詞-数詞	30
御覧	ゴラン	漢	名詞-普通名詞-一般	30
地蔵	ジゾウ	漢	名詞-普通名詞-一般	30
御	ゴ	漢	接頭辞	29
仏師	ブッシ	漢	名詞-普通名詞-一般	29
院	イン	漢	名詞-普通名詞-一般	28
殿上	テンジョウ	漢	名詞-普通名詞-一般	27
十	ジュウ	漢	名詞-数詞	26
日	ニチ	漢	名詞-普通名詞-助数詞可能	26
僧都	ソウズ	漢	名詞-普通名詞-一般	25
四五	シゴ	漢	名詞-数詞	23

『方丈記』『建礼門院右京大夫集』『十六夜日記』という大まかなグループに分けることができる。これらのうち、『海道記』『十訓抄』は漢文訓読的な作品であり、その文体から漢語が多用されるのは自然なことである。それでは、反対に和文的な作品である『宇治拾遺物語』などでは、いったいどのような漢語が用いられているのだろうか。『鎌倉編』で『宇治拾遺物語』の漢語を検索し、頻度上位30位を示したものが表4.4である。また、これと比較するために『平安編』でも漢語を検索し、同じく頻度上位30語を表4.5として示す。

表4.4、4.5を見比べてみると、『宇治拾遺物語』でもっとも頻度の高い「様」(多くは助動詞「やうなり」の語幹) をはじめとして、「大」「一」「気色」「女

表4.5 『平安編』の漢語

語彙素	語彙素読み	品詞	語種	頻度
様	ヨウ	名詞-普通名詞-形状詞可能	漢	1,599
気色	ケシキ	名詞-普通名詞-一般	漢	1,134
例	レイ	名詞-普通名詞-一般	漢	866
院	イン	名詞-普通名詞-一般	漢	701
納言	ナゴン	名詞-普通名詞-一般	漢	648
御覧	ゴラン	名詞-普通名詞-一般	漢	485
中将	チュウジョウ	名詞-普通名詞-一般	漢	478
日	ニチ	名詞-普通名詞-助数詞可能	漢	418
大将	タイショウ	名詞-普通名詞-一般	漢	394
少将	ショウショウ	名詞-普通名詞-一般	漢	375
十	ジュウ	名詞-数詞	漢	345
中	チュウ	接頭辞	漢	344
一	イチ	名詞-数詞	漢	285
大	ダイ	接頭辞	漢	251
大臣	ダイジン	名詞-普通名詞-一般	漢	249
女房	ニョウボウ	名詞-普通名詞-一般	漢	236
殿上	テンジョウ	名詞-普通名詞-一般	漢	235
女御	ニョウゴ	名詞-普通名詞-一般	漢	233
几帳	キチョウ	名詞-普通名詞-一般	漢	223
卿	キョウ	接尾辞-名詞的-一般	漢	219
消息	ショウソク	名詞-普通名詞-一般	漢	215
二十	ニジュウ	名詞-数詞	漢	213
京	キョウ	名詞-普通名詞-一般	漢	207
宰相	サイショウ	名詞-普通名詞-一般	漢	202
対面	タイメン	名詞-普通名詞-サ変可能	漢	197
衛門	エモン	名詞-普通名詞-一般	漢	194
五	ゴ	名詞-数詞	漢	192
入道	ニュウドウ	名詞-普通名詞-サ変可能	漢	188
月	ガツ	名詞-普通名詞-助数詞可能	漢	164
春宮	トウグウ	名詞-普通名詞-一般	漢	154

房」「京」「納言」「例」「五」「御覧」「院」「殿上」「十」「日」は、平安和文でも高頻度の漢語であったことがわかる。次に、それぞれに特徴的な高頻度漢語に着目してみる。平安和文では、「中将」「大将」「少将」「大臣」「殿上」「女御」「几帳」「卿」「宰相」「衛門」「春宮」といった貴族文化を象徴する漢語が多い。これに対し、『宇治拾遺物語』では、「僧」「法師」「経」「僧正」「坊」「寺」「供養」「上人」「地蔵」「仏師」「僧都」といった仏教関係の漢語が目立つ。このことは、『宇治拾遺物語』のような和文的な作品における漢語の進出が、語彙的な事情によるものである可能性を示す。鎌倉時代の漢文訓読的な作品における漢語比率の高さは、その文体に起因するものであるのに対し、同時代の和文的な作品において頻繁に使用される漢語は、作品の描写する世界が影響した語彙的な事情によるものと考えられるのである。

演習 1

『鎌倉編 I 説話・随筆』を利用して、〈普通ではなく変わっているさま〉を表す語彙である和語「怪しい（アヤシイ）」「怪しい（ケシイ）」「浅ましい（アサマシイ）」、漢語「奇異（キイ）」「奇怪（キカイ）」「奇特（キトク）」「不思議（フシギ）」を検索し、作品別の頻度から語種と文体との関係について考えを深めよう。

発展 1

1. 『平安編』『鎌倉編』の「長単位検索」を利用し、「「活用型」の「大分類」が「文語サ行変格」」を選択してサ変動詞を収集し、サ変動詞語幹の語種にどのような違いが見られるか考察しよう。
2. 『平安編』『鎌倉編』の「長単位検索」を利用して品詞ごとの語種構成比率を明らかにし、品詞によって語種構成比率の推移にどのような違いが見られるか考察しよう。
3. 『平安編』において高頻度の漢語でありながら、『鎌倉編』においては頻度を下げたものを調べ、それがどのようなものであるかを考えよう。

例題 2

鎌倉時代の作品間で比況の助動詞「やうなり」「ごとし」の使用比率を比較し、作品による使用語彙の偏りにどのような特徴が見られるか考察しよう。

■ データ作成の手順

① 「中納言」で「短単位検索」のタブを開き「検索対象を選択」をクリックし、「鎌倉」の「コア」「非コア」にチェックを入れる。助動詞「やうなり」は「やう＋なり」と2短単位になるため、キーと後方共起条件とを組み合わせて検索を行う。助動詞「ごとし」は「「語彙素」が「ごとし」」を選択して検索し、検索結果をダウンロードする。まず、「「語彙素」が「様」」、「短単位の条件の追加」で「「語彙素読み」が「ヨウ」」を選択する。次に「後方共起条件の追加」をクリックし、「後方共起1「キーから」「1語」「以内」」という設定で「キーと結合して表示」にチェックを入れる。その上で「「語彙素」が「なり」」を選択して検索し、検索結果をダウンロードする。

② ダウンロードしたデータをそれぞれExcelで開く。別々の2ファイルを1ファイルに統合し、作品別の延べ語数・使用比率を計算する。結果をグラフ化すると図4.3のようになる。

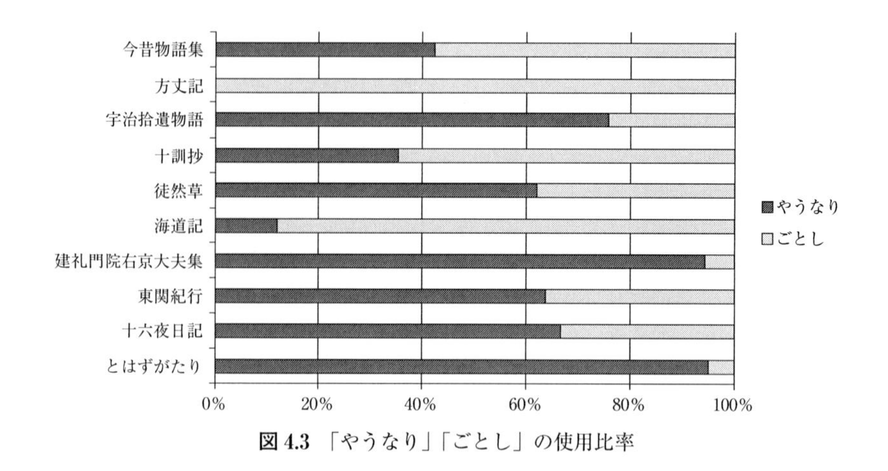

図4.3 「やうなり」「ごとし」の使用比率

■ 考　察

図4.3より、「ごとし」の比率が高い順に、『方丈記』『海道記』＞『十訓抄』『今昔物語集』＞『徒然草』『東関紀行』『十六夜日記』『宇治拾遺物語』＞『建礼門院右京大夫集』『とはずがたり』という大まかなグループに分けられる。

まず、「ごとし」のみを用いる『方丈記』、「ごとし」が90%弱を占める『海道記』は、ジャンルとしてはともに記録の類と呼ぶことができる。

(9)　塵灰たちのぼりて、盛りなる煙のごとし。地の動き、家の破るる音、雷に異ならず。(方丈記、30-方丈 1212_00006,1660)

(10)　此処をうち過ぎて、浜松の浦に来りぬ。長汀、砂ふかくして、行けば帰るが如し。万株、松しげくして、風波、声を争ふ。(海道記、30-海道 1223_00005,14040)

「ごとし」が60%前後を占める二つ目のグループの『十訓抄』『今昔物語集』はともに説話である。三つ目のグループから、「ごとし」よりも「やうなり」を用いる。「ごとし」の占める割合は35%前後で、「やうなり」が65%前後を占める『東関紀行』『十六夜日記』は、日記・紀行というジャンルにあたる。四つ目のグループの『建礼門院右京大夫集』は歌集、『とはずがたり』は物語で、「やうなり」が約95%を占めている。ともに、平安時代の仮名文学作品の系統を引き継ぐジャンルといえる。

(11)　常に向ひたる方は、常磐木ども木暗う、森のやうにて、空も明らかに見えぬも、慰む方なし。(建礼門院右京大夫集、30-建礼 1232_00008,8520)

(12)　飽かず重ぬる袖の涙は、誰にかこつべしともおぼえぬに、今宵閉ぢめぬる別れのやうに泣き悲しみたまふも、なかなかよしなき心地するに、(とはずがたり・巻3、30-とは 1306_03001,28680)

使用語彙の偏りを作品のジャンルという観点から眺めると、先の四つのグループは、大まかに、記録の類＞説話＞紀行・日記＞歌集・物語というジャンルに対応していると考えられる。左二つが「やうなり」よりも「ごとし」を多用するジャンル、右二つが「ごとし」よりも「やうなり」を多用するジャンルということになる。ただし、同じ説話というジャンルに属する作品であっても、『十訓抄』『今昔物語集』は「ごとし」を多用し、『宇治拾遺物語』は「やうなり」を多用するといった違いが認められる。こうした同一ジャンル内での差はどのように説明したらよいだろうか。

解説2　古代語における文体の変化

1.　文体と使用語彙　平安時代には、女流文学作品に成熟を見る私的な和文系文章と、男性貴族や学僧といった知識階層の手になる漢文訓読文のような公的な漢文系文章という、二つの文体が存在していた。これらの文体はそれぞれ特有の語彙を持つことで知られている。すなわち、和文における和文（特有）語、漢文訓読文における漢文訓読（特有）語である（築島、1963・1969）。例えば「いと―ハナハダ」「やうやう―ヤウヤク」「とく―スミヤカニ」（和文語・漢文訓読語の順）といったものがあり、同じ意味を表す場合でも文体による語の棲み分けのあったことがわかっている。特に、文章構成の役割を担う接続詞の類（例「されば―シカレバ」「さて―シカウシテ」など）や、文の陳述的な役割を担う付属語の類（例「（さ）す―シム」「ぬ・ね―ザル・ザレ」など）に著しい対立が認められる。『鎌倉編』（コア・非コア）を利用し「やうやう―ヤウヤク」（語彙素「漸う」―語彙素「漸く」）の対について調べると、その使用比率は以下の図 4.4 のようになる。

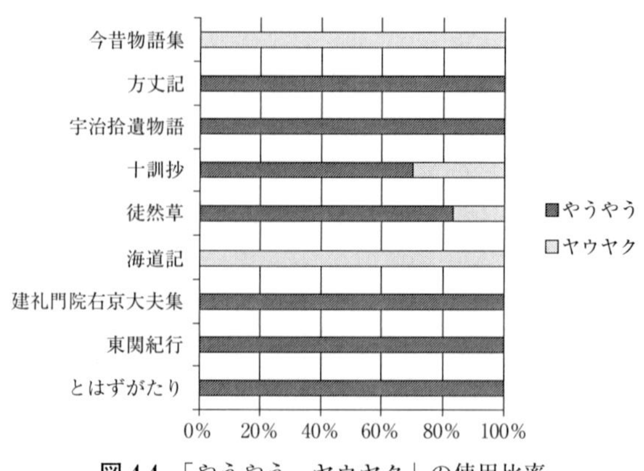

図 4.4 「やうやう―ヤウヤク」の使用比率

図 4.4 からは、和文語「やうやう」のみを用いる『方丈記』『宇治拾遺物語』『建礼門院右京大夫集』『東関紀行』『とはずがたり』、漢文訓読語「ヤウヤク」も用いるが和文語「やうやう」が使用比率 60％を超える『徒然草』『十訓抄』、漢文訓読語「ヤウヤク」のみを用いる『今昔物語集』『海道記』という三つのグループに分けられる。「やうやう―ヤウヤク」に着目した場合、一つ目のグループは和文的、二つ目のグループは和文寄りであるが漢文訓読文としての側面も持つもの、三つ目のグループは漢文訓読文的、と分類することができる。

次に、「とく—スミヤカニ」（語彙素「疾い」の連用形—語彙素「速やか」＋語彙素「なり」の連用形）の対について調べてみる。その使用比率は以下の図 4.5 のようになる。

図 4.5 からは、漢文訓読語「スミヤカニ」も用いるが和文語「とく」が使用比率 60％を超える『とはずがたり』『宇治拾遺物語』、どちらも同等数用いる『海道記』、和文語「とく」も用いるが漢文訓読語「スミヤカニ」が使用比率 60％を超える『今昔物語集』『徒然草』『十訓抄』という三つのグループに分けられる。「とく・スミヤカニ」に着目した場合は、一つ目のグループから順に、和文寄りであるが漢文訓読文としての側面も持つもの、和文・漢文訓読文どちらの側面も同程度持つもの、漢文訓読文寄りであるが和文としての側面も持つもの、と分類することができる。

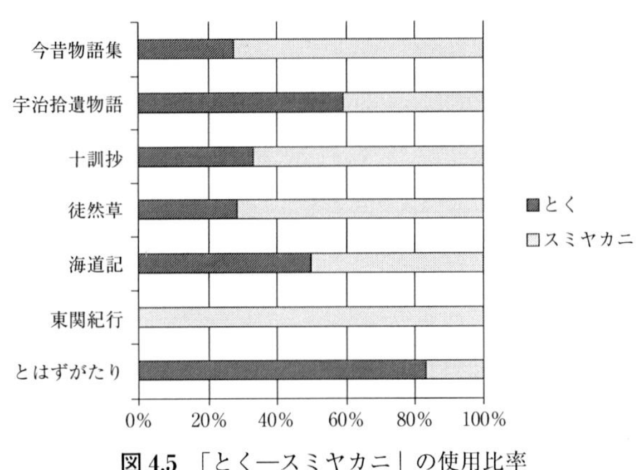

図 4.5　「とく—スミヤカニ」の使用比率

このように、どの対を指標として用いるかによって、その文体的な性格は微妙に異なってくる。また、**解説 1** で見た漢語比率を文体の指標とする場合にも、ここでの結果と完全に一致しない。個々の作品の文体を知るためには、語彙の分布の違いを多角的に捉えることが重要になる。

2.　説話集の語彙と文体　　**例題 2** では、同じジャンル内で使用語彙の偏りに差が見られる事例として、説話に属する 3 作品をあげた。ここでは、『十訓抄』と『宇治拾遺物語』を取り上げ、これら 2 作品の使用語彙の偏りについて詳しく見ていきたい。

すでに取り上げた和文語「やうなり」・漢文訓読語「ゴトシ」の使用比率を、2作品に絞って図4.6として示す。加えて、「くる―キタル」（語彙素「来る」―語彙素「来たる」）、「まじる―マジハル」（語彙素「交じる」―語彙素「交わる」）、「みそかなり―ヒソカナリ」（語彙素「密か」＋語彙素読み「ミソカ」―語彙素「密か」＋語彙素読み「ヒソカ」）の三つの和文語―漢文訓読語の対についても『鎌倉編』を利用してその使用比率を図4.7、4.8、4.9として示す。

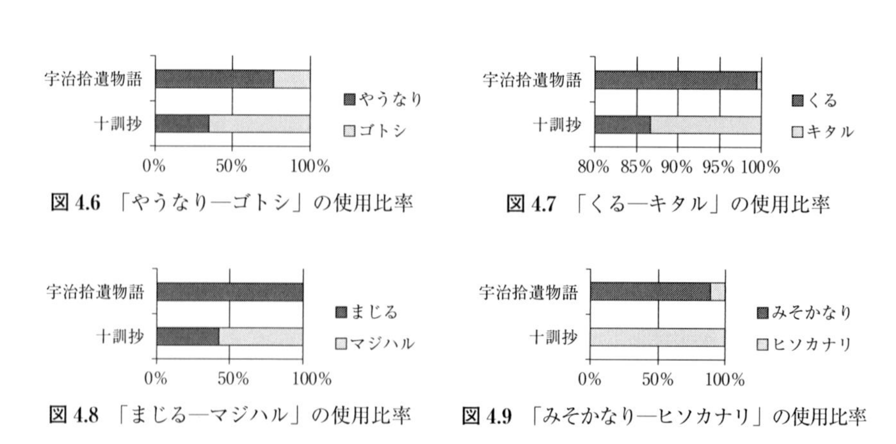

図4.6　「やうなり―ゴトシ」の使用比率

図4.7　「くる―キタル」の使用比率

図4.8　「まじる―マジハル」の使用比率

図4.9　「みそかなり―ヒソカナリ」の使用比率

先に見たように、図4.6より、同じ説話でも『宇治拾遺物語』は和文語「やうなり」を多用し、『十訓抄』は漢文訓読語「ゴトシ」を多用する。ただし、異なる文体の特有語を全く用いないわけではない。これと似た様相を示すのが図4.7である。『宇治拾遺物語』では和文語「くる」が99.5%と圧倒的に多いが、漢文訓読語「キタル」もわずかに2例用いられる。『十訓抄』では反対に、和文語「くる」もないわけではないが、漢文訓読語「キタル」が86.7%を占める。

一方で、図4.8では『宇治拾遺物語』が和文語「まじる」のみを用い、図4.9では『十訓抄』が漢文訓読語「ヒソカナリ」のみを用いることがわかる。

（13）　これも昔、右の顔に大きなる瘤ある翁ありけり。大柑子の程なり。人に交じるに及ばねば、薪をとりて世を過ぐる程に、山へ行きぬ。（宇治拾遺物語・巻1、30-宇治 1220_01003,340）

（14）　花山院の御時、中納言義懐は外戚、権左中弁惟成は近臣にて、おろおろ天下の権をとれり。しかるを、帝ひそかに内裏を出で、花山に幸する由を聞きて、両人追ひて参上のところ、帝、すでに比丘たり。（十訓抄・巻6、30-十訓 1252_06010,520）

以上のように、対となる和文語—漢文訓読語によっても多少の違いはあるが、使用語彙の偏りからは、『宇治拾遺物語』が和文的な説話、『十訓抄』が漢文訓読文的な説話であるといえる。

3.『今昔物語集』の語彙と文体　前節では、説話というジャンルに括られる作品であっても、その文体に差があることを見てきた。ここでは『今昔物語集』を個別に取り上げる。この作品が和漢混淆文の先駆けと呼ばれる所以は、和文・漢文訓読文の混在が1作品に認められるところにある。ただし、和文・漢文が個々の説話の中で融合しているわけでない。この点において、和語・和文語、漢語・漢文訓読語が満遍なく現れるような和漢混淆文の典型である『方丈記』や『平家物語』などとは性格を異にする。広義の和漢混淆文と呼ぶべき『今昔物語集』は、全31巻（巻8、18、21は欠巻）から成り、天竺部（巻1～5）・震旦部（巻6～10）・本朝部（巻11～31）の三つの部で構成され、それぞれインド・中国・日本を舞台とする説話を収録する。本朝部はさらに、仏教説話を収録する本朝仏法部（巻11～20）とその他の説話を収録する本朝世俗部（巻21～31）とに分けられる。各説話の出典から影響を受け、天竺部・震旦部・本朝仏法部は漢文訓読文に、本朝世俗部は和文にそれぞれ近いとされる。また、その文体の境は巻20前後であることも指摘されてきた。以下に、漢文訓読文的な説話(15)、和文的な説話(16)、その中間的な説話(17)をあげる。

(15)　其の後、出家して薬師寺の僧と成て、名を行基と云ふ。法門を学ぶに、心に智深くして、露計も悟得ざる事無し。然れば、諸の人に勝たり。然る間、行基慈悲の心深くして、人を哀ぶ事仏の如く、諸の国々に修行して、本の国に返間、一つの池の辺を通るに、人多く集て魚を捕り食ふ。行基其の前を過るに、若き勇たる、戯れて、魚の膾を以て行基に与へて、「是を食給べし」と云へば、行基其の所に居て、此の膾を食給ひつ。其の後に、程も無く口より吐き出すを見れば、膾小魚と成て、皆池に入ぬ。（今昔物語集・巻第11、30-今昔 1100_11002,4870）

(16) 女の心様の極て心悪くて、踈き事をも静め思ひなどして有ければ、弁事に触て、此に曲と思れじと翔けれども、公事に付つつ忩がしき事共有り、亦自然ら泛なる女などに留らるる夜も有ける程に、夜枯がちに成けるを、女此様なる有様も未だ習ぬ心には、心踈事に思つつ、打解たる気色も見えずのみ有ける程に、漸く枯枯に成つつ、前々の様にも無かりけり。悪しとは無けれども、其れを心踈き事に思て、心吉ずのみ成り持行ければ、互に踈む心は無けれども、遂に絶にけり。(今昔物語集・巻31、30-今昔1100_31007,530)

(17) 其の後、哀びける僧の房に寄て、物を乞て食て出づるに、大門にして蹴躓て低ふしに倒ぬ。起上る手に、意ぬに拳れたる物有り。見れば藁の筋也。此れを「給ふ物にて有にや」と思ども、夢を憑て此を棄ずして返る程に、夜も晞ぬ。而る間虻顔を廻に飛ぶを、煩しければ木の枝を折て掃ひ去れども、尚同じ様に来ば、虻を手を捕へて腰を此の藁筋を以て引き括りて、持たるに、虻腰を括れて飛び迷ふ。(今昔物語集・巻16、30-今昔1100_16028,5180)

本朝仏法部の(15)と本朝世俗部の(16)とを比較してまず気付く違いは、一文の長さと文法的なわかりやすさである。(16)は和文のように一文が長く、これに比べると(15)は一文が短く、主語・対象語・述語が明示される論理的な文といえる。加えて、(15)には漢文訓読文に多用される「たり」や「然り」類が、(16)には和文に多用される「けり」がそれぞれ目立つ。

こうした文体の違いについて、『鎌倉編』のデータを利用し計算した巻ごとの「やうなり―ゴトシ」の使用比率からさらに検討してみよう。『鎌倉編』収録の『今昔物語集』は巻11以降の本朝部である。以下の図4.10が、その全データを対象として巻ごとに算出した「やうなり―ゴトシ」の使用比率である。

『今昔物語集』における「やうなり―ゴトシ」については、堀田（1941）や舩城（2011）といった先行研究がある。舩城（2011）は、『今昔物語集』全巻における「やうなり―ゴトシ」の分布を踏まえ、「ゴトシ」の頻度から巻10以前の天竺・震旦部（特に巻2、3、7）は純粋の漢文訓読文に近いと述べる。また、巻11から20までの本朝仏法部では「ゴトシ」が主に用いられながら、「やうなり」も少なくないことについて、当時の片仮名文（『法華百座聞書抄』『打聞集』

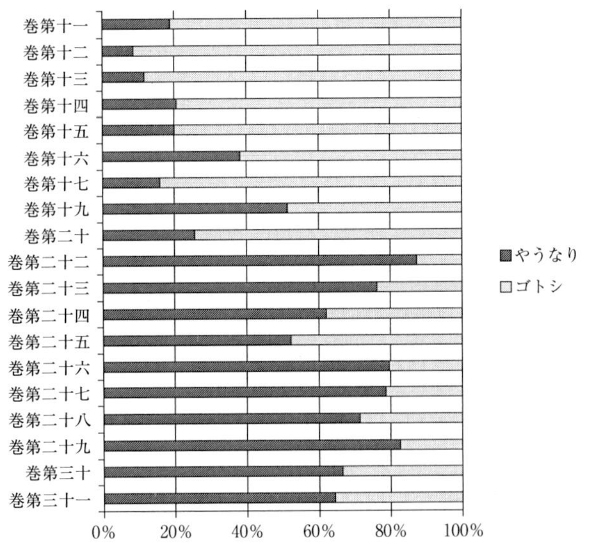

図 4.10　『今昔物語集（本朝部）』の「やうなり—ゴトシ」

など）と様相を同じくすると説明する。反対に、巻 22 以降の本朝世俗部では「やうなり」が主に用いられ、そこに「ゴトシ」がわずかに混じる。これは『宇治拾遺物語』『古本説話集』といった和文的な説話に近い様相だとする。これを踏まえ、図 4.10 の漢文訓読語「ゴトシ」に着目してみよう。使用比率が 60%を超えるのは巻 11 から 17、20 であり、本朝仏法部を中心として漢文訓読文に近いといえる。反対に、巻 19、22 以降は和文語「やうなり」の使用比率が高く、本朝世俗部は和文体に近い。巻 19 がやや例外の巻になるが、「やうなり—ゴトシ」の分布から部ごとに文体が異なることは先行研究の指摘の通りである。

舩城（2011）ではさらに「ゴトシ」の語法「連体形＋ガゴトシ」「名詞＋ノゴトシ」「副詞＋ノゴトシ」についても触れる。また、天竺・震旦部には漢文訓読文の語法と考えられる「シカノゴトシ」が多く現れること（天竺・震旦部 5 例、本朝仏法部 3 例）、また、漢文訓読文的な性格の強いとされる連用形用法「カクノゴトク」が多いこと（頻度は言及なし）を述べる。これらの語法についても『鎌倉編』を用いてその分布を確認してみよう。「長単位検索」により、後方共起 1「「語彙素」が「が」」／「「語彙素」が「の」」、後方共起 2「「語彙素」が「ごとし」」とし、キーは「「活用形」が「連体形」」／「「品詞」が「名詞」」／

表 4.6 「ゴトシ」の語法

巻＼語法	連体形＋ガゴトシ	名詞＋ノゴトシ	副詞＋ノゴトシ		
				シカノゴトシ	カクノゴトク
巻第十一	14	43	11	0	6
巻第十二	7	46	37	1	29
巻第十三	4	28	41	1	36
巻第十四	6	30	23	0	17
巻第十五	1	21	23	0	21
巻第十六	8	32	19	0	18
巻第十七	6	31	23	0	19
巻第十九	5	29	12	1	9
巻第二十	8	28	16	2	8
巻第二十二	1	0	0	0	0
巻第二十三	3	4	2	0	1
巻第二十四	3	7	9	0	7
巻第二十五	4	8	4	0	3
巻第二十六	1	7	3	0	3
巻第二十七	2	8	1	0	1
巻第二十八	6	7	6	0	5
巻第二十九	2	6	2	0	1
巻第三十	2	6	0	0	0
巻第三十一	3	11	3	0	3

「「品詞」が「副詞」」をそれぞれ選択する。検索結果をまとめ表 4.6 として示す。

「シカノゴトシ」は本朝仏法部に 3 例、本朝世俗部も巻 20 にのみ 2 例見られる。「カクノゴトク」は本朝仏法部に 163 例、本朝世俗部に 24 例見られる。先行研究が指摘するこれらの語法に着目した場合、本朝部において仏法部は漢文訓読文的、世俗部は和文的、という文体差も認められよう。

演習 2　『鎌倉編』を利用し『今昔物語集』本朝部における使役の助動詞「(さ)す」「しむ」を検索し、巻ごとの頻度を比較しながらその文体差について考察しよう。

発展２

1. 築島（1969）などで和文語・漢文訓読語で対立が認められる語を調べ、『鎌倉編』を利用して作品ごとの頻度を集計し、その文体差について考察しよう。
2. 『今昔物語集』（コア・非コア）を利用し、例題１の〈美しいさま〉を表す形状詞の使用頻度について、巻による語種の違いを調べよう。
3. 『鎌倉編』を利用して断定の助動詞「たり」を検索し、10,000語あたりの調整頻度を計算してみよう。また、その調整頻度を比較しながら作品ごとの和漢混淆文のあり方を考察しよう。

例題３　**鎌倉時代を中心に、動詞「聞く」の意味にどのような歴史的変化が見られるか考察しよう。**

■ データ作成の手順

① 「中納言」で「長単位検索」のタブを開き「検索対象を選択」をクリックし、「平安」の『源氏物語』、「鎌倉」の「コア」、「室町」の「コア」にチェックを入れる。キーは「「語彙素」が「聞く」」とし、検索結果をダウンロードする。

② ダウンロードしたデータをExcelで開き、ピボットテーブルを用いて、時代別・作品別の頻度を計算する。結果は表4.7のようになる。

■ 考　察

表4.7より、動詞「聞く」は平安時代から室町時代にかけ多くの作品で用いられていることがわかる（平安時代は『源氏物語』のみを対象としたが、『平安編』に収録されている16作品すべてに「聞く」は用いられる）。ここから、古くから日本語における基礎語であったと推測される。

さて、『日本国語大辞典第二版』（以下『日国』と記す）によれば、「聞く」は早く上代から見られ、本来は「(1)音、声、言葉などを耳に感じ取る。耳にする。」「(2)音や言葉を耳にして、その内容を知る、そうだろうと思う。また、言伝え、うわさなどを耳にする。」といった《聴取》の意味や、「(3)人の言葉に従

表 4.7 平安・鎌倉・室町時代における語彙素「聞く」

時代・作品名	頻度
平安	**309**
源氏物語	309
鎌倉	**844**
今昔物語集	404
方丈記	7
宇治拾遺物語	123
十訓抄	81
徒然草	29
海道記	24
建礼門院右京大夫集	52
東関紀行	13
十六夜日記	17
とはずがたり	94
室町	**682**
虎明本狂言集	488
天草版平家物語	159
天草版伊曽保物語	35
総計	**1,835**

う。承知する。聞き入れる。」という《承知》の意味を表したようである。そして、「(4)(答えを耳に入れようとして) 人に尋ねる。考え、気持などを問う。」という《質問》の意味については『源氏物語』を初出とする。本来の意味(1)・(2)・(3)に加え新たな意味(4)を獲得していく現象は意味の拡張にあたる。このことについて、特に《質問》に注目しながら、コーパスから得られた用例を観察することで検証してみる。

次の(18)は、『日国』のブランチ(4)《聴取》の初出例としてあげられている例である。また、(19)は願望表現の「聞く」の例である。

(18) 右近、はた、かしがましく言ひ騒がれんを思ひて、君も今さらに漏らさじと忍びたまへば、若君の上をだにえ聞かず、あさましく行く方なくて過ぎゆく。(源氏物語・夕顔、20-源氏 1010_00004,217550)

(19) おぼつかなさも限りなきを、ありけむさまもみづから聞かまほしと思せど、長籠りしたまはむも便なし、行きと行きてたち返らむも心苦しなど思しわづらふ。(源氏物語・蜻蛉、20-源氏 1010_00052,81730)

(18)は、源氏が若君(玉鬘)のことを「聞くことができない」という意味であり、『日国』のように〈質問する〉とも取れるが、『新編日本古典文学全集』（以下『新編全集』と記す）の現代語訳「若宮の噂さえ耳にすることができずに」のように〈聴取する〉とも取れる。(19)は、『新編全集』の現代語訳で「［浮舟の］臨終のときの様子がどうだったのかもご自身でじかに聞いてみたい」とあり、「〜てみたい」と自ら尋ねる〈質問する〉と見ているようである。しかし、「［浮舟の］臨終のときの様子を自分に打ち明けてもらって知りたい」のように〈聴取する〉とも読める。『源氏物語』を平安時代の代表とするならば、この時代は、新たな意味《質問》と本来の意味《聴取》とで解釈の揺れる「聞く」が散見する状況だと指摘できる。

次に見る『今昔物語集』は、『鎌倉編』に収録されてはいるが、厳密にいえば院政時代成立の説話集である。『源氏物語』から約90年後に成るこの作品には、〈質問する〉を意味する「聞く」の確例が1例ある。

(20)　夕方に成て尚夜前彼の女の否歩ざりしが不審さに、彼の云ひ伝ふる女の家に行て聞けば、女の云く、「其の人は返り給けるより、物も思えず、只死に死ぬる様に見ければ、『何なる事の有つるぞ』など人々問れけれども、物をだに否宣ざりければ、主も驚き騒て、知る人も無き人にて有れば、仮屋を造て出れたりければ、程も無く死給ひにけり」と云ふを聞くに、（今昔物語集・巻27、30-今昔 1100_27016,9960）

『新編全集』の現代語訳では「［男が］様子をきくと、……［女が］答えた」とあり、質問―応答の文脈から、この「聞く」は〈質問する〉と解釈できる。

続いて、鎌倉時代初期成立の『方丈記』には、『日国』でブランチ(4)《質問》の用例としてあげられている「聞く」がある。

(21)　おのづからことのたよりに都を聞けば、この山にこもりゐて後、やむごとなき人のかくれ給へるもあまた聞ゆ。（方丈記、30-方丈 1212_00012,870）

「物事のついでに聞けば〜と聞こえる」とあるので、単に〈聴取する〉を表すと考えた方がよいように思われる。『新編全集』の現代語訳でも「自然に聞こえてくる京都の様子」とある。この他、鎌倉時代成立の作品には《質問》の「聞く」は見えず、この意味では「問ふ」や「尋ぬ」といったほかの語が用いられる。

(22) 人のけはひのしければ、「あれは誰ぞ」と問ひければ、「おのれは五条西洞院の辺に候ふ翁に候ふ」と答へければ、(宇治拾遺物語・巻1、30-宇治1220_01001,1300)

(23) 岡本関白殿、盛りなる紅梅の枝に、鳥一双をそへて、この枝に付けて参らすべきよし、御鷹飼、下毛野武勝に仰せられたりけるに、「花に鳥付くるすべ、知り候はず。一枝に二つ付くる事も、存知候はず」と申しければ、膳部に尋ねられ、人々に問はせ給ひて、(徒然草・66段、30-徒然1336_01066,1040)

室町時代成立のキリシタン資料も〈質問する〉を表す「聞く」の確例は見当たらない。一方で、室町時代の言語を保存する江戸時代初期成立の狂言台本『大蔵虎明本』には、次の「鐘の音」という曲に《質問》の「聞く」が散見される。

(24) 「おのれハさたの限りなやつじや、そのつきがねの事でハなひ、のしつけにせう程に、きがねのねをきひてこひと云たに、さたの限りなやつじや「私ハ又、かねの音をきひてこひと仰られた程に、それかと思ふてきゐて参つた、(虎明本狂言集・鐘の音、40-虎明1642_04029,7390)

(22)は、主人が刀の鞘に付ける付金の値を聞いて(尋ねて)こいと命じ、太郎冠者は勘違いして鎌倉五山の鐘の音を聞いて(耳にいれて)きた、という失敗を主人が諫める場面である。資料ジャンルに多少の差はあるものの、狂言に〈質問する〉を表す「聞く」が散見されることから、室町時代には「聞く」の意味の拡張が広く定着していたと考えられる。

以上をまとめると、「聞く」の意味変化はおよそ次のようになる。平安時代に新たな意味《質問》とも取れる用例が見られ始め、院政時代にはこの意味での確例が現れる。室町時代には、類義語「問ふ」「尋ぬ」に次いで、《質問》の「聞く」が広く用いられていたと考えられ、現代語ではこうした意味の拡張を経た「聞く」を引き継いでいる。

解説3　語彙史における中世

1. 日本語史の時代区分　歴史区分は歴史研究の目的、かつ、方法である、とよくいわれる。日本語史における時代区分もまた、研究の目指す先であり、研究の上で必要な作業仮説でもある。実際に日本語の長い歴史にいくつかの区切りを付けようとすると、目的や根拠によってその方法は様々である。例えば、六区分では、上代語（推古朝から奈良時代）、中古語（平安時代）、中世語（院政・鎌倉時代から室町時代）、近世語（江戸時代）、近代語（明治・大正・昭和前期（1945））、現代語（昭和後期（1946）以降）に分ける。平安時代末期の院政時代を鎌倉時代と合わせて中世とするのは、院政期に成立したとされる『今昔物語集』に、平安時代とは異なる日本語の体系が見られることを根拠とする。また、二区分では、平安時代の日本語の体系が崩壊し始めた時期を近代語の始まりと見る。具体的には、連体形終止の一般化や、係り結びの衰退、話し言葉と書き言葉とが乖離する平安時代末期から鎌倉時代初期を近代語の始まりとする考え方や、格表示や接続表現の発達により表現が論理的になっていく室町時代を近代語の始まりとする考え方がある。このように、日本語史の時代区分は、日本語の体系における古代語らしさ・近代語らしさが明らかな文法史の観点からなされる。

2. 語彙史の時代区分　それでは、語彙史の分野ではどのような時代区分が可能だろうか。前田（1982）は、語形変化、語彙体系の変化、語種の変遷などを総合し、語彙史の時代区分として、古代（上代・中古）・中世・近代（近世・近代）のように大きく三つに区分する。中世を、変動が大きく長く続くという特色を持つ、独立した一つの時代と認め、必要があれば、古代以前を認めたり、中世・近世をそれぞれさらに二分したりすることも想定されている。

安部（2009）は、現代語における基礎語彙の過半数が中世前半までに形成されたと推定できること、意味（品詞）別の史的変遷を見た場合に中世以降は質的断続が認められることなどから、中世を境に古代語（上代・中古以前）と近代語（中世以後）とに区分する。二区分とする中でも、中世が古代語・近代語を分ける変化の過渡期と位置付ける点は、前田（1982）に類する。

語彙史においては、古代語らしさ・近代語らしさを考えつつ、大きく変動し全体としての体系が把握しにくい中世語の性格を見出していく必要がある。しかし、語彙は文法や音韻と異なり、研究対象となる要素が膨大にあるために、古代語・近代語それぞれの体系としての特徴も十分に明らかになっていないのが現状である。

3.　語の意味変化から見た中世　安部（2009）のように、語彙のダイナミックな体系変化を扱う必要性がある一方で、個別の語や語彙の部分体系の変遷を解明していく中で、語彙という総体を考えることも重要である。ここでは、その一例を示したい。

例題３では、聴覚表現他動詞「聞く」の歴史的変遷を追い、院政時代に意味変化の確例が認められることを見てきた。ここでの「意味」は、“何を「聞く」のか”“何が「美しい」のか”という、語が対象とする事物に着目した対象的意味と呼ぶことができる。しかし、「意味」には、語がどういった文体で用いられるかという文体的意味もある。例えば、嗅覚表現自動詞「にほふ」「かをる」「くんず」の歴史的変遷を扱った池上（2014）は、もっぱら「にほふ」が用いられていた平安時代を経て、院政・鎌倉時代、室町時代には「かをる」「くんず」が「にほふ」の文体的意味のうち文章語の領域に進出し、江戸時代には、日常語「にほふ」／和語系文章語「かをる」・漢語系文章語「くんず」という文体的意味の棲み分けが成立することを指摘する。

(25)　一　西浄［＝雪隠］をかう屋トいふ事に二説あり。一にハかミ［＝髪・紙］ををろすト云事シヤ。又一ニハにほふトいふ事シヤ。
（寒川入道筆記）［『噺本大系』東京堂出版・1975］

(26)　Cauori,u,otta. P. i. Niuô. *cheirar, ou, recender.*
［邦訳：詩歌語．Niuô に同じ．芳香を放つ，すなわち，かおる．（『邦訳日葡辞書』岩波書店・1980）］
（日葡辞書）［『パリ本日葡辞書』勉誠社・1976］

(27)　如何に御主謙りたる科の後悔はご内証に叶ふ進物なり。これ乳香［＝燻香］よりも猶御前に於ひて yqiŏ cunzuru なり。御身の尊きみ足許に捧げ奉れと思召さるるご内証に叶ひたる薫香は即ちこれなり。
（コンテムツスムンヂ・巻三・第五七）［『キリシタン資料集成コンテムツス・ムンヂ』勉誠社・1979］

このように、嗅覚表現自動詞を例として見ると、古代語から近代語にかけて、文体的意味の成熟・分担のあったことがわかる。そして、その変化が進行したのは中世である。こうした個別の語、語彙の部分的な体系の変遷を積み重ね、中世語らしさを描き出すことが今後待たれる。もちろん、すべての語が中世に意味を変化させるわけではないし、対象的意味・文体的意味のみが変化するわけではない。しかし、多面性を持つ意味の変化において、言文二途の始まる中世という時代が大きく影響していることは想像に難くないだろう。

演習3　『平安編』『鎌倉編』『室町編』の長単位検索を利用して、例題3で取り上げた「聞く」の類義語「尋ぬ」を検索し、その意味を考察しよう。

発展3

1. 『平安編』『鎌倉編』『室町編』の長単位を利用して、例題3で取り上げた「聞く」の複合動詞を検索し、その意味を考察しよう。
2. 『平安編』『鎌倉編』『室町編』の長単位を利用して、「恐（おそ）る」「怖（お）づ」を検索し、その意味を考察しよう。
3. 日本語の基礎語には意味の拡張が起こったものが多い。『日本国語大辞典第二版』で色々な基礎語を引き、各ブランチの初出例を確認した上で、『平安編』『鎌倉編』『室町編』で検索した結果を考察し、辞書の記述を検証しよう。

参考文献

安部清哉（2009）「意味から見た語彙史―“パーツ化”“名詞優位化”―」、『シリーズ日本語史2　語彙史』、岩波書店
池上尚（2014）『日本語感覚表現語彙の歴史的研究―嗅覚を中心に―』、早稲田大学博士学位論文（未公刊）
国立国語研究所（2004）『分類語彙表増補改訂版データベース』（ver. 1.0）
小林賢次（2015）『中世語彙語史論考』、清文堂出版
佐藤武義（1984）『今昔物語集の語彙と語法』、明治書院
田中牧郎（1990）「「おそる」と「おづ」―平安・鎌倉時代を中心に」、『国語学研究』30、44-55
築島裕（1963）『平安時代の漢文訓読語につきての研究』、東京大学出版会

築島裕（1969）『平安時代語新論』、東京大学出版会
西田直敏（1978）『平家物語の文体論的研究』、明治書院
藤井俊博（2003）『今昔物語集の表現形成』、和泉書院
舩城俊太郎（2011）『院政時代文章様式史論考』、勉誠出版
堀田要治（1941）「「如シ」と「様ナリ」とから見た今昔物語集の文章」、『国語と国文学』18(10)、157-175
前田富祺（1972）「古代の文体」、『講座国語史６　文体史・言語生活史』、大修館書店
前田富祺（1982）「語彙史の時代区分」、『講座日本語の語彙３　古代の語彙』、明治書院
前田富祺（1984）「語種構造の漸移相」、『日本語学』3(9)、28-39
峰岸明（1986）『平安時代古記録の国語学的研究』、東京大学出版会
宮島達夫（編）（1971）『古典対照語い表』、笠間書院
宮島達夫・鈴木泰・石井久雄・安部清哉（編）（2014）『日本古典対照分類語彙表』、笠間書院
山田孝雄（1929）『平家物語』、岩波書店

第5章 室町時代

渡辺由貴

導入 **『室町時代編 I 狂言』において、動詞「受ける」を検索し、その語形を活用形別に整理してみよう。**

■ データ作成の手順

① 「中納言」の画面の「検索対象を選択」で「室町時代編」の「虎明本狂言集」にチェックを入れる。「短単位検索」で「語彙素」に「受ける」を入力して検索する。

② 活用形ごとに「キー」や「語形」の情報を整理する。

語彙素「受ける」は計41例見られる。活用形別にそのキーと語形の情報を整理すると表5.1のようになるが、「受ける」の連体形には「うく（語形：ウク）」と「うける（語形：ウケル）」の2種類の形があることに気付く。つまり、連体形として、古典語の下二段活用である「-uru」形だけでなく、現代語の下一段活用である「-eru」形も見られ、古典語の下二段活用動詞が現代語の活用の形へと変化していく途中段階の様子をうかがうことができるのである。

表5.1 「受ける」の活用形別語形

活用形	キー	語形
未然形	うけ（4例）、請（1例）	ウク（5例）
連用形	うけ（28例）、受け（1例）	ウク（29例）
終止形	—	—
連体形	うくる（5例）、うける（2例）	ウク（5例）、ウケル（2例）
已然形	—	—
命令形	—	—

例題 1 **『虎明本狂言集』において、文が終止形で終止している例と、連体形で終止している例がそれぞれどのくらいあるか、下二段活用動詞の状況を本文種別ごとに整理し確認してみよう。**

■ データ作成の手順

① 「中納言」の画面の「検索対象を選択」で「室町時代編」の『虎明本狂言集』にチェックを入れる。「短単位検索」で「品詞」の「大分類」を「動詞」とし、「短単位の条件の追加」で「活用型」の「大分類」を「文語下二段」に、かつ「活用形」の「大分類」を「終止形」とする。そして、「キー」を「文末から」「1 語」として検索し、検索結果をダウンロードする。

② ダウンロードしたデータを Excel で開き、ピボットテーブルを用いて、動詞ごとの頻度表を作成する（付録 8.2、p. 169）。その際、「行」に「語彙素」と「キー」を、列に「本文種別」を指定する。

③ 同様に「活用形」の「大分類」を「連体形」にして検索し、頻度表を作成する。

■ 考　察

終止形という名の通り、文が終止する際は終止形が用いられるのが一般的である。しかし、『室町時代編 I』において下二段活用動詞の終止形で文が終わる例を検索すると、表 5.2 の通り 7 例と少なく、また、活用語尾の表記から明らかに終止形であることがわかるのは、以下の 1 例のみである（以下、用例のあとに『日本語歴史コーパス』におけるサンプル ID と開始位置を示す。また、用例中の下線および四角囲みは筆者によるものである）。

(1) 「舞まふに、扇にてしうとにみよと云こころにて、大臣柱のかたをおしゆ（引敷聟、40-虎明 1642_03004,20330）

この他の 6 例は、「出」「打上」「入る」のように活用語尾が明示されていないものであり、終止形終止の例である可能性はあるが、確例とはいえない（なお、コーパスにおいては便宜上、このような確例でないものも終止形か連体形かのいずれかに認定されている）。

表 5.2　終止形終止の下二段活用動詞例

語	本文種別		総計
	ト書き	引用-典拠・漢文	
出でる	**3**		**3**
出	3		3
名付ける		**1**	**1**
名		1	1
入れる	**1**		**1**
入る	1		1
教える	**1**		**1**
おしゆ	1		1
打ち上げる	**1**		**1**
打上	1		1
総計	**6**	**1**	**7**

(2)　けさをふところへ入る（布施無経、40-虎明 1642_06015,13850）

(3)　「さる引て出（阿弥陀の三尊、40-虎明 1642_08033,170）

一方、表 5.3 の通り、下二段活用動詞の連体形で文が終止している例は多い。以下「語彙素（キーの表記）」の形で示すが、表 5.3 にあげたもののほかに、「腰掛ける（こしかくる）」「切り掛ける（きりかくる）」「乱れる（みだるる）」「為される（なさるる）」「引き立てる（引たつる・引立る）」「答える（こたふる・こたゆる）」「訪ねる（たづぬる）」「逃げる（にぐる）」が 2 例ずつある。また、「嗾ける（けしかくる）」「点てる（たつる）」「引き据える（ひきすゆる）」「合わせる（あはする）」「聞き違える（ききちがゆる）」などが 1 例ずつあり、下二段活用動詞の連体形で文が終止している例は、計 112 例（49 語）となっている。

さて、狂言台本である『虎明本狂言集』のテキストは、大きく分けて、台詞を示す「会話」と、台詞の間の動きや説明を示す「ト書き」から構成され、その情報は「中納言」の「本文種別」に記されている。この本文種別に着目すると、口語的表現が使われる(4)(5)のような会話部分だけでなく、(6)(7)のようなト書き部分にも連体形終止の例が多く見られることがわかる。

(4)　「そなたはきつひ事を云人じや、「人間も一どや二どはききちがゆる（横座、40-虎明 1642_07032,14740）

表 5.3 連体形終止の下二段活用動詞例（上位 10 語）

語	本文種別						総計
	ト書き	引用-会話指示	会話	会話-韻文	その他-注釈	(空白)	
出でる	**17**	**2**			**1**	**1**	**21**
いづる	12	1					13
出					1		1
出る	5	1				1	7
掛ける	**7**		**2**		**1**		**10**
かくる	7		2		1		10
見せる	**6**						**6**
みする	4						4
見する	2						2
言い付ける	**5**	**1**					**6**
いひ付る	1						1
云つくる	1						1
云付る	3	1					4
褒める	**4**		**1**				**5**
ほむる	4		1				5
立てる	**3**		**1**				**4**
たつる	3		1				4
呼び立てる	**4**						**4**
よびたつる	3						3
よび立る	1						1
止める	**4**						**4**
とむる	3						3
やむる	1						1
詰める	**3**						**3**
つむる	3						3
投げる	**3**						**3**
なぐる	3						3

(5)　「いつの間にそちへ御ざつたぞ、いぢのわるひ事をなさるる（井礑、40-虎明 1642_06030,11870）

(6)　「やい／＼両国の百性これへ参れ 「二人いづる（餅酒、40-虎明 1642_01006,16290）

(7)　「つねの百性のごとく言葉をかくる（三人夫、40-虎明 1642_01010,2820）

終止形終止の例で見たのと同様、連体形終止の検索結果にも活用語尾が明示されておらず、連体形終止の確例とはいえない例が 3 例ある。また、自動的に文末が連体形となる係り結びの例もあり、これは純粋な連体形終止の文とは別に考えるべきものであろう。これを除外するために、「前方共起」にてキーから1～3語に「ぞ」「なむ」「や」「か」の入る例を検索してみると、以下の2例が見られた。係り結びの結びとして連体形となっているこの2例はいずれも韻文であり、(9)は(8)の歌をふまえてよんだものである。

(8)　みやこにも、所はなきかきくの花、ぼぼうがしらにさきぞみだるるとよふでさらばといふてとをらるるほどに、（坊々頭、40-虎明 1642_02016, 5650）

(9)　都には、所はあれどきくの花、思ふかしらにさきぞみだるるとよふでござる（坊々頭、40-虎明 1642_02016,7700）

しかし、これらの例を除いても、連体形で文が終止する例は多く、『虎明本狂言集』に見られる下二段活用動詞については、連体形で文が終止する形が一般的であることがわかる。

解説 1

1.　活用体系の変化　現代語との差異を念頭に古典語の活用表を見てみよう(表 5.4)。古典語の活用表には、現代語にはない活用型である「上二段」「下二段」「ナ変」「ラ変」がある。逆にいえば、かつては9種類あった活用の種類が、現代語においては「五段」「上一段」「下一段」「カ変」「サ変」の5種類となっているのである。

また、現代語では、「果てる（。）」—「果てる（時）」、「起きる（。）」—「起きる(時)」のように、動詞の終止形と連体形が同形であるが（表 5.5）、古典語では、上二段活用動詞・下二段活用動詞・カ変動詞・サ変動詞・ナ変動詞・ラ変動詞において、例えば「果つ（。）」—「果つる（時）」、「起く（。）」—「起くる（時）」のように、両者の形が異なる。さらに、古典語の活用では、下一段活用の動詞は「蹴る」一語のみであるが、現代語の下一段活用には「受ける」「食べる」など多くの語が属すという点も、古典語と現代語の活用の大きな相違である。

このように、活用体系が現在の形になっていく過程で、どのようなことが起こっていたのだろうか。以下詳しく見てみよう。

表 5.4 古典語の活用型

活用型	四段	ナ変	ラ変	上一段	上二段	下一段	下二段
語	書く	死ぬ	あり	見る	起く	蹴る	果つ
語幹	書	死	有	(見)	起	(蹴)	果
未然形	か	な	ら	み	き	け	て
連用形	き	に	り	み	き	け	て
終止形	く	ぬ	り	みる	く	ける	つ
連体形	く	ぬる	る	みる	くる	ける	つる
已然形	け	ぬれ	れ	みれ	くれ	けれ	つれ
命令形	け	ね	れ	みよ	きよ	けよ	てよ
(現代語)	↓五段			↓上一段		↓五段	↓下一段

表 5.5 現代語の活用型

活用型	五段	上一段	下一段
語	書く	起きる	果てる
語幹	書	起	果
未然形	か／こ	き	て
連用形	き／い	き	て
終止形	く	きる	てる
連体形	く	きる	てる
仮定形	け	きれ	てれ
命令形	け	きろ／きよ	てろ／てよ

※いずれもカ変・サ変を除いて示す

2. 連体形終止法の一般化 主として「終止形」は文が終止する際に、「連体形」は体言を修飾する際に用いられる形である。さきに述べたとおり、古典語の上下二段活用動詞やカ変・サ変・ナ変・ラ変動詞においては両者の形が異なっていた。『平安時代編』で『源氏物語』の例を見てみよう。

(10) 道遠くおぼゆ。(夕顔、20-源氏 1010_00004,159390)

(11) おのがかく今日明日におぼゆる命をば何とも思したらで、雀慕ひたまふほどよ。(若紫、20-源氏 1010_00005,31040)

(12) 内裏より御使あり。(桐壺、20-源氏 1010_00001,28210)

(13) 造れるさま木深く、いたき所まさりて見どころある住まひなり。(明

石、20-源氏 1010_00013,116450）

このように別の形であった終止形と連体形は、どのような過程を経て同形となったのであろうか。この変化には、「連体形終止法の一般化」が関係している。これは、本来連体形として使われていた形が、言い切りに用いられるようになり、終止法の位置を占めるようになった現象である。

平安時代以前にも、連体形終止法が用いられることはあった。川端（1982：198）は、「連体止めの語法は、広くは体言止めのそれと一括され、もとより上代和歌から見られるものであるが、平安物語の会話文では、会話的な強調や情意の表現として好まれるのである」と述べる。

しかし、徐々にこのような特定のニュアンスを含まなくとも連体形で文が終止する例が見られるようになり、中世には、連体形で文を言い切ることが一般的になる。このことについて川端（1982：198-199）は「連体止めである限り詠嘆の終止法であったそれが、広く行われるうちにその特殊性を薄れさせ、結局、単純な終止法に帰着した」と述べているが、その結果、文の終止の際に、従来の「終止形」である「おぼゆ」「あり」のような形が使われなくなっていき、連体形の形に取って代わられたのである。そのため、現代語の動詞においては終止形と連体形が同形となっている。

このことは、日本語の文法体系に大きな影響をもたらした。例えば、ラ変動詞は四段活用動詞と同じ活用となった。すなわち、終止形「あり」が連体形と同じ「ある」の形となったことで、ラ変動詞「ある」の活用が「(未然) あら―(連用) あり―(終止) ある―(連体) ある―(已然) あれ―(命令) あれ」という四段活用と同じ型になったのである。そのため、ラ行変格活用は消滅し、ラ変動詞に属していた語は、現代語においては五段活用となっている。このように、連体形終止法の一般化と、それに伴う終止形と連体形の合一という変化が、活用体系の変化にも影響しているのである。

3.　二段活用の一段化　「二段活用の一段化」と呼ばれる現象も、「連体形終止法の一般化」と関連したものである。先に述べた「連体形終止法の一般化」により、上二段活用動詞の終止形語尾が「-u」(例：「起く」) から「-uru」(例：「起くる」) に変化した。その結果、上二段活用が上一段活用の活用型に近づいた。同様に、下二段活用動詞の終止形語尾が「-u」(例：「果つ」) から

「-uru」（例：「果つる」）に変化した結果、下二段活用が下一段活用の型に近づくこととなった。かくして、上下二段活用動詞はいずれも一段化し、二段活用は消滅の道をたどっていった。

このような変化は中世に目立つようになり、近世後半あたりで完了したといわれる。『室町時代編 I』では「受ける」「教える」「拵える」「整える」「植える」「寝る」などの下二段活用動詞が一段化した例が見られる一方、上二段活用動詞が一段化している確例は見られず、二段活用動詞が一段化する途中段階をうかがうことができる。

『江戸時代編 I 洒落本』で同様の調査をしてみると、(14)のような上二段活用の例も見られる一方、『虎明本狂言集』には見られなかった、上二段活用動詞が一段化した(15)のような例もあり、一段化がさらに進行していることがわかる。

(14) うはまへのゐり先を一つひつぱり行すぐる（総籬、52-洒落 1787_01065,93410）

(15) かのまくぎりにしゆんくはんが山のうへから松の枝もつておちる所はよつぽどおかしふござりました（北華通情、52-洒落 1794_01014,59610）

なお、この現象には地域差があったといわれ、ロドリゲスは『日本大文典』で、「比ぶる」「上ぐる」「求むる」「跳ぬる」のような「第一種活用」に属する動詞（古典文法において下二段活用動詞にあたるもの）について附則で、「ただ‘関東’（Quantô）で用ゐられ，又‘都’（Miaco）で一部の者に用ゐられてゐる。それは語根にRu（る）の綴字を添へて作る。例へば，Cuberu（くべる），ageru（上げる），motomeru（求める），faneru（跳ねる），todoqueru（届ける），atayeru（与へる），feru（経る），ideru（出でる），majeru（交ぜる），mixeru（見せる）。」と指摘している（引用は土井（訳註）1955：28-29による。なお、“Cuberu”については「Curaberu（比べる）の誤」との注あり）。

中世から近世にかけて、日本語の活用体系は大きく変化した。それをうかがう上で、『虎明本狂言集』は古典語と現代語とをつなぐ重要な言語資料であり、前後の時代の資料とあわせて調査することで、過渡期を含めた通時的な様相を見通すことができる。

演習1　『虎明本狂言集』において、文が終止形で終止している例と、連体形で終止している例がそれぞれどのくらいあるか、文語サ変動詞の状況についても確認してみよう。

発展1　近世になると、二段活用動詞の一段化がさらに進行する。『江戸時代編Ⅰ洒落本』を用いて、二段活用と一段活用の例がそれぞれどのくらい見られるか、上二段活用動詞と下二段活用動詞に分けて確認してみよう。

例題2　**サ行四段活用動詞の音便形の状況を整理しよう。**

■ データ作成の手順

① 「中納言」の画面の「検索対象を選択」で「室町時代編」の「虎明本狂言集」にチェックを入れる。「短単位検索」で「「品詞」の「大分類」が「動詞」」とし、「短単位の条件の追加」で「「活用型」の「小分類」が「文語四段-サ行」」とする。さらに「短単位の条件の追加」で「活用形」の「大分類」を「連用形」として検索し、検索結果をダウンロードする。

② ダウンロードしたデータをExcelで開き、ピボットテーブルを用いて「語彙素」「キー」の情報をもとにそれぞれの動詞の表記を整理する。

■ 考　察

表5.6を見ると、現代共通語には見られないイ音便形がある。例えば、「致す」の中には「いたひ」「いたい」「いたゐ」「致い」「致ひ」が、「呼び出だす」の中には「よび出い」「よび出ひ」「よびいだひ」が、「差す」には「さひ」「さい」が見られる。

(16)　今日寅の日で御ざるほどに、くらまへ同道いたいて参らふとぞんじて、さそひにまいつた（連歌毘沙門、40-虎明 1642_01002,1630）

表5.6で見た各語を、活用語尾の表記によって「イ音便形」「非音便形」「無

表記」に分類すると表5.7のようになる。「致す」「呼び出だす」「差す」「思い出だす」「潰す」「成す」「取り出だす」がイ音便形・非音便形の両方の形で用いられている一方、「申す」「思し召す」「貸す」の3語は、表記上イ音便形である

表5.6 サ行四段活用動詞連用形（上位10語）

語	頻度
申す	**498**
申	486
まふし	5
申し	3
まし	3
まうし	1
致す	**343**
いたひ	125
致	117
いたし	74
いたい	15
いたゐ	6
致し	3
致い	2
致ひ	1
呼び出だす	**87**
よび出し	71
よびいだし	8
よび出い	3
よび出	3
よび出ひ	1
よびいだひ	1
差す	**70**
さし	42
さひ	17
さい	11
思い出だす	**64**
思ひ出	18
思ひ出い	12
思ひ出し	9
おもひいだひ	6
思ひいだひ	5
おもひ出	3
おもひ出し	3
おもひ出い	2
思ひ出ひ	2
おもひいだい	1
思出	1
おもひ出だし	1
をもい、いだい	1
潰す	**56**
つぶし	36
つぶひ	14
つぶい	4
つぶゐ	2
成す	**51**
なし	26
なひ	21
ない	4
取り出だす	**39**
取出し	12
とり出し	12
取いだし	6
とりいだし	5
取出	1
とりいだひ	1
とり出	1
取いだひ	1
思し召す	**38**
おぼしめし	17
思召	13
思しめし	5
思召し	3
貸す	**31**
かし	31

表5.7 活用語尾の表記によるサ行四段動詞の音便形の用例数

	イ音便形	非音便形	無表記	合計
申す		12	486	498
致す	149	77	117	343
呼び出だす	5	79	3	87
差す	28	42		70
思い出だす	29	13	22	64
潰す	20	36		56
成す	25	26		51
取り出だす	2	35	2	39
思し召す		25	13	38
貸す		31		31

と確定できる例がない。例えば「申す」は、(17)のように非音便であることが明確な例と、(18)のように活用語尾が表記されていない例しか見られない。

(17)　「おでやれとおまふしやれ（薬水、40-虎明 1642_01021,9370）

(18)　「一段よう申た、牛にも子細あらばかたれ（牛馬、40-虎明 1642_01024,21310）

「申す」「思し召す」「貸す」には、音便化した例は見られないのだろうか。さらに調べるために、キリシタン資料での例を見てみよう。『室町時代編 II キリシタン資料』に収められている『天草版伊曽保物語』と『天草版平家物語』はローマ字で書かれており、その表記により読みを特定することができるため、音便化した例であるか否かを判別することが可能である。

さて、『室町時代編 II キリシタン資料』を検索してみると、「申す」「思し召す」には音便化した例が見られず、いずれも(19)のように非音便形で用いられていることから、これらの語では音便化が起きなかった可能性が高い（なお、「貸す」については連用形の例が見られなかった）。

(19)　VM. Xite Qiyomori no chacuxi uoba nan toyŭta zo. QI. Xiguemori to mŏxita, mata jinan ua Munemori, ſannan uoba Tomomori to mŏxita: 右馬．して清盛の嫡子をば何と言うたぞ．喜．重盛と申した，又次男は宗盛，三男をば知盛と申した：(巻 1、40-天平 1592_01001,39370)

このように、中世においてはサ行四段活用動詞がイ音便形となることがあるが、動詞「申す」「思し召す」のように音便化しない語もあり、特定の条件で一律に起こる現代共通語の音便とは異なるさまが確認できる。

解説 2

1.　音便とは　　音便は、「スキガキ」が「スイガイ」（透垣）に、「取りて」が「取って」になるような語中・語尾の音変化を指すものである。「キ・ギ・シ」などの子音が脱落して起こる「イ音便」、「ク・グ」などの子音が脱落して起こる「ウ音便」、「ニ・ミ・ビ」などから生じる「撥音便」、「チ・リ」などから生じる「促音便」があり、このような現象はすでに平安時代の文献にも見られる（飛田ほか編（2007：353-354、佐藤宣男「音便」の項）など）。

音便は、古くは臨時的な現象であったが、活用語においては、次第に音便化した形が固定的なものとなっていった。例えば、現代共通語では「取る＋て」を「取りて」ということはなく、「て」が後接する場合は必ず「取って」と促音便形になる。しかし、中世語では、「取る＋て」が音便形の「取って」となることも非音便形の「取りて」となることもある。つまり、同じ動詞・後接語でも音便化する場合としない場合があったのである。このように、中世語における音便は、現代共通語のそれとは違った様相を呈している。

2.　サ行四段活用動詞の音便形　現代共通語において、五段活用動詞の連用形に「て」「た」が後接する際には音便化が起こるが、「壊す」「許す」がそれぞれ「壊し（て／た）」「許し（て／た）」となるように、サ行五段活用動詞については音便化が起こらない。しかし、**例題２**で確認した通り、中世にはサ行四段活用動詞の音便形が多く見られた。

(20)　今日寅の日で御ざるほどに、くらまへ同道いたいて参らふとぞんじて、さそひにまいつた（連歌毘沙門、40-虎明 1642_01002,1630）
(21)　ぐそうが、大事のけさをおといて候が、こなたにはござなひか（布施無経、40-虎明 1642_06015,14180）
(22)　「おもひだいた事がある、（三本の柱、40-虎明 1642_01019,8650）

一方、「申す」「思し召す」「貸す」のように、サ行四段活用動詞のうち、音便化を起こさなかったと考えられる語が存在することも、**例題２**で見た通りである。

この点については多くの論考があり、橋本（1962：28）は、「中世においても、サ行の動詞の中で、あるものは絶對に音便を起さなかつたことが知られてゐる。召スやオハス或いは申スなどがそれで、中世と言はず古今を通じてこれらの語の音便例は見當らない。」「敬語動詞であることは、音便を起しにくい條件の一つとなる」と述べる（ただし、「致スなど申スと同じ謙譲の敬語でありながら殆ど非音便形の現はれないもの」などの例もあることから、「音便を起さない絶對唯一の條件ではない」とする）。

また、「差す」「貸す」のような二音節の動詞についても、イ音便化する語としない語とがあるが、これは同音衝突を避けるなど、個々の語の事情によるところもある。柳田（1985：82）は、例外はあるものの、「サ行イ音便は、先に起きていたカ行イ音便形との衝突を避けて、いわば遠慮しながら起きなくてはならなかった。両音便形が衝突を起こしやすいのは、『置イテ』『押イテ』、『巻イテ』『増イテ』、『書イテ』『貸イテ』など、短音節語においてであることは言うまでもない。そのために、二音節動詞に原形で現われる語が多いものと考えられる。」としている。

このように中世において見られたサ行四段活用動詞の音便形は、蜂谷（1998：324）が述べるように、「他の行の連用形の音便形がその後話しことばとして定着していくのに対し、サ行では、江戸時代以降イ音便形が衰退して原形に回帰していくという独特な道を辿って」いき、現在に至る。

3.　音便化と後接語　現代共通語においては、「た」や「て」が後接する際には五段活用動詞はいわば自動的・規則的に音便化するが、中世語では、四段活用動詞にこれらの語が後接しても音便化する場合としない場合とがある。

(23)　その恩賞に、かくれみのかくれ笠、うちでのこづちを引出物にとつてわせた、（宝の槌、40-虎明 1642_01017,3370）

(24)　「みみをとりてひきまはす（路蓮、40-虎明 1642_06007,19580）

このように、中世語においては音便化がやや不規則に起こっているようにみえる。とはいえ、より音便が生じやすい条件というのは存在する。その手がかりとして、後接語別に音便の状況を検討してみよう。『室町時代編 I』に見られる四段活用動詞連用形の上位10語を取り上げ、そのうち活用語尾が明示されている例について、後接語を「た」「たり」「て」に、さらに本文種別を「会話」とそれ以外に分けて示すと表5.8のようになる。

表5.8を見ると、会話文において、また、特に「た」「て」が後接する場合に音便形となりやすいことがわかる。さらに、「た」が後接する場合の非音便形の例は、韻文に出てくる以下の「まいりた」2例のみであり、これを除くすべての例が音便形となっていることも注目される。

(25)　つくしのおくよりのぼるもの、上るものとてのぼるもの、これらはみなから物、金襴どんすどんきん、からゑかう箱沈香、ひようの皮、かず／＼のから物を、百駄ばかりおうせて、此御館へぞまいりた、／＼、

表 5.8 後接語別音便形・非音便形の用例数（上位 10 語）

	音便						非音便					
	た		たり		て		た		たり		て	
	会話	ほか	会話	ほか	会話	ほか	会話	ほか	会話	ほか	会話	ほか
言う	62	6	31	1	148	99					7	85
参る	139	1	28		161	1	2		16		17	3
申す											1	
持つ	49	1	11		194	22			1		8	14
取る	22	3	9		118	20			3	2	10	31
因る	1				174	11						
致す	55		10		84				4	1	5	
成る	41		5		76	7			6		8	7
思う	23		42		164	2			1		3	
急ぐ	1				146					1	1	

（筑紫の奥、40-虎明 1642_01011, 6640）

(26) たんばの国よりのぼるもの、のぼるものとてのぼる、／＼、これらはみなかうるい、ゆつかう、かうじたちばな、ありのみざくろけんのみ、さてはくりの枝をり、ところなんどまいりた、／＼、（筑紫の奥、40-虎明 1642_01011, 9750）

一般に、「た」「たり」「て」が後接する際には音便化しやすいとされるが、『室町時代編 I』を調べてみると、その中でも「た」が後接する場合は特に音便形となりやすいことがわかる。また、ト書きや注釈部分と比べ口語性の強い会話部分ではより音便化しやすいという傾向もうかがえる。

なお、音便については第3章（平安時代）でも扱っている。

演習 2 例題２で取り上げた以外にも、『室町時代編 I』の動詞の連用形には現代共通語と異なる音便の例が見られる。ほかにどのような形があるか調べてみよう。

発展 2 『江戸時代編 I 洒落本』『明治・大正編 I 雑誌』の動詞の連用形における「音便形＋て／た」と「非音便形＋て／た」の使用状況を確認し、『室町時代編 I』での状況とどのように違うか調べてみよう。

コラム1

狂言とキリシタン資料の言葉

狂言の言葉は、室町時代の口語を示すものとして、日本語史の研究に多く用いられている。ただし、『室町時代編 I』に収録されている、台本の形式を持つ最古のものである『虎明本狂言集』が書写されたのは1642年であり、厳密には江戸時代に入ってから成立した資料ということになる。虎明本以外にも、天理本（17世紀前半書写）・虎寛本（1792年書写）など様々な台本が存在しているものの、いずれも成立は近世に入ってからである。これらの資料においても室町時代の言葉が引き継がれているとはいえ、書写された江戸時代の言葉の影響を受けている可能性もある。室町時代の言葉について明らかにするためには、同時代のほかの資料と照らし合わせて考える必要があろう。

室町時代の言語資料としては、狂言のほかに「キリシタン資料」がある。キリシタン資料とは、室町時代末期に宣教師たちがキリスト教の布教のためにつくった文献の総称である。口語体で書かれたものとしては、『室町時代編 II』に収録されている『天草版平家物語』（1592）、『天草版伊曽保物語』（1593）などがあり、これらの資料はローマ字で書かれた「ローマ字本」であるため、その表記から発音を知ることができる点でも価値が高い。その他、文語文で書かれた資料や、漢字かな交じりで書かれた「国字本」などがあり、一口に「キリシタン資料」といってもその性格は様々である。日本語にポルトガル語の語釈を付した『日葡辞書』（本篇1603・補遺1604刊）や、日本語について広く論じた『日本大文典』（1604～1608刊）などの資料からも、当時の日本語の姿を知ることができる。

例題3　**『虎明本狂言集』において、どのようなオノマトペが用いられているか調べてみよう。**

■ データ作成の手順

① 「中納言」の画面の「検索対象を選択」で「室町時代編」の「虎明本狂言集」にチェックを入れる。「短単位検索」で「品詞」の「大分類」を「副詞」とし、「語種」を「和語」として検索し、検索結果をダウンロードする。

② ダウンロードしたデータをExcelで開き、昇順でソートするなどして適宜確認しながら「語彙素」が平仮名のみで表記されたものに絞り込んでピボットテーブルを作成する。その際、「行」に「語彙素」を指定する。

③ ②のデータから程度副詞や指示語など、オノマトペ以外の語を除外して考察を行う。

■ 考　察

オノマトペは品詞ではないため、「中納言」による検索では絞り込むことができない。そこで、**データ作成の手順**で示した通り、和語の副詞のうち、語彙素がすべて平仮名表記のものの中から目視でオノマトペを探し、考察していくこととする。

表5.9にあがっている副詞のうち、「ゆるり」（頻度33)、「くるくる」（頻度7)、「ふっ」（頻度7)、「よろよろ」（頻度4）などは、現代語でも使われているオノマトペであり、その用法も現代語と同様である（以下、オノマトペの意味・解釈は『日本国語大辞典第二版』および大塚編（2006）を参考にしている)。

表5.9　「虎明本狂言集」における和語の副詞（語彙素が平仮名表記のもの・頻度3以上）

語彙素	頻度	語彙素	頻度	語彙素	頻度	語彙素	頻度
そう	145	せめて	12	そろそろ	5	さっ	3
え	90	どっと	11	ほとほと	5	ざざんざ	3
な	72	びっくり	10	ちゃっ	5	ざっく	3
むさと	65	はたと	10	がったり	4	はらりはらり	3
しかと	55	ふっつ	9	くっ	4	めきめき	3
こう	54	そろりそろり	9	ひらりひらり	4	からころ	3
もう	39	かたかた	9	しっくり	4	ざらり	3
ゆるり	33	どうぞ	8	よろよろ	4	じりじり	3
つと	24	くるくる	7	するする	4	さらりさらり	3
と	24	たんと	7	など	4	ふつ	3
とうと	21	ひたと	7	そと	4	ころりころり	3
わっぱ	18	ふっ	7	ほって	4	じっと	3
どう	18	きりり	6	むずと	4	そろり	3
そっと	17	ぞろりぞろり	6	ふう	3	ゆらり	3
かっと	16	ひっ	6	がらがら	3	ちらりちらり	3
ざっ	15	ほろろ	6	からから	3	ちりちり	3
そっとも	15	にこ	6	するり	3	よも	3
まんまと	14	やわか	5	ひやり	3		

(27)　「此間は留守にきづかひもなふゆるりとゆさんを致たほどに罷帰らふ（樋の酒、40-虎明 1642_02024,10940）

(28)　かうくる／＼まひて、しらぬかほでもつてゆかふまでよ（文荷、40-虎明 1642_04028,18000）

「がらがら」（頻度 3）は、雷の鳴る音を表すオノマトペであるが、『虎明本狂言集』においては「雷」の台詞として出てくる。雷が発話すること、また、その音を台詞として述べていることは、舞台で演じられる狂言の言葉の特徴であるといえる。

(29)　「ぐわら／＼／＼、ひかり、／＼、ぐわら／＼どう（雷、40-虎明 1642_04002,5430）

一方、現代では使われないものもある。「わっぱ」（頻度 18）は、大声でわめきたてるさまを表すオノマトペである。

(30)　「中／＼そちの事じやが、そなた達は此ひろひ洛中を、何事をわつぱと申ぞ（目近籠骨、40-虎明 1642_01018,12150）

「ざざんざ」（頻度 3）は、松風の音を表すオノマトペであるが、以下の例では、歌の中ではやしことばのように用いられている。

(31)　『ざざんざはま松のをとはざざんざ』かぜでこのはのちるもおもしろひ、（抜殻、40-虎明 1642_04013,12440）

なお、表 5.9 にはあがっていないが、頻度 3 未満のオノマトペとして、激しく倒れたり落ちたりするさまを表す「ずでいどう」や、勢いのよいさまを表す「ずっぱ」「ずんど」、ゆっくりしたさまを表す「ほっくりほっくり」などが見られる。

解説 3

擬音語と擬態語を総称してオノマトペという。日本語はこのオノマトペが豊富な言語であるといわれるが、簡素な舞台上で演じられる狂言において「舞台背景や擬音効果をすべて役者の言葉で表わしていると言ってよい」と小山

（1960：24）が述べる通り、狂言台本には非常に多くのオノマトペが見られる。

また、オノマトペの形態は、促音や撥音、反復などによって構成されたものが多く、その組み合わせにパターンを見出すことができるが、時代によってこのパターンに特徴があるとされる。例えば、「AッB（ガッパ）、AンB（ムンズ）などは、中世・近世によく用いられた型であるが、現代では衰えている」（飛田ほか編（2007：145、山口仲美「擬声語」の項））という指摘がある。

ロドリゲス『日本大文典』にも、「音響や事物の状態を意味する」副詞として、「Baribari（ばりばり）」「Benben（べんべん）」「Cudacuda（くだくだ）」「Farifari（はりはり）」「Gajigaji（がじがじ）」「Quatto（くゎっと）」「Zuito（ずいと）」など、様々なオノマトペがあげられている（引用は土井（訳註）1955：288-290による）。

演習3　『室町時代編 II キリシタン資料』において、どのようなオノマトペが見られるか調べてみよう。

発展3　促音・撥音・反復などに着目して『室町時代編』と『明治・大正編』に見られるオノマトペの形態を整理・比較してみよう。

コラム2

室町時代の口語資料としての抄物

「抄物」も室町時代ごろの口語を知る上で重要な資料である。抄物とは、主として室町期に成立した、漢籍や仏典、漢文体の国書などを注釈した講義録であり、『史記抄』、『四河入海』、『人天眼目抄』などがある。抄物においても、『虎明本狂言集』に見られたような二段活用動詞の一段化や現代共通語とは異なる音便形などの例を確認することができる。また、東国語脈の文献とされる『人天眼目抄』においては、文末に助動詞「だ」の初期の使用例が見られる点が注目される。

抄物は文章量が膨大であり、多様な語彙が見られる点でも言語研究に有用な資料である。中世語の研究にあたって、狂言やキリシタン資料とあわせて活用されている。

参 考 文 献

市村太郎（2014）「近世口語資料のコーパス化―狂言・洒落本のコーパス化の過程と課題―」、『日本語学』33(14)
岩淵匡（編著）（2000）『日本語文法』、白帝社
大塚光信・来田隆（編）（1999）『エソポのハブラス　本文と総索引』、清文堂出版
大塚光信（編）（2006）『大蔵虎明能狂言集　翻刻　註解』（上・下）、清文堂出版
奥村三雄（1968）「サ行イ音便の消長」、『國語國文』37(1)
川端善明（1982）「動詞活用の史的展開」、川端善明ほか（編）『講座日本語学2　文法史』、明治書院
工藤浩・小林賢次・真田信治・鈴木泰・田中穂積・土岐哲・仁田義雄・畠弘巳・林史典・村木新次郎・山梨正明（1993）『日本語要説』、ひつじ書房
小山弘志（校注）（1960）『日本古典文学大系42　狂言集　上』、岩波書店
佐々木淳志（2013）「『語の安定化』と二段活用の一段化」、『愛知教育大学大学院国語研究』21
佐藤喜代治（編）（1981）『講座日本語の語彙　第4巻　中世の語彙』、明治書院
坪井美樹（2001）『日本語活用体系の変遷』、笠間書院
日本国語大辞典第二版編集委員会・小学館国語辞典編集部（2001）『日本国語大辞典』第二版、小学館
http://japanknowledge.com/library/
橋本四郎（1962）「サ行四段活用動詞のイ音便に關する一考察」、『國語國文』31(4)
蜂谷清人（1968）「狂言古本に見られる一段活用化の現象」、『国語学』74
蜂谷清人（1978）「室町末ハ行四段動詞連用形の音便―狂言・説経・幸若舞を中心に―」、『国語学研究』18
蜂谷清人（1998）『狂言の国語史的研究―流動の諸相―』、明治書院
半沢幹一・安部清哉・小野正弘・金子弘（編）（2002）『ケーススタディ日本語の歴史』、おうふう
飛田良文・遠藤好英・加藤正信・佐藤武義・蜂谷清人・前田富祺（編）（2007）『日本語学研究事典』、明治書院
福島直恭（1992）「サ行活用動詞の音便」、『国語国文論集』21
柳田征司（1985）『室町時代の国語』、東京堂出版
柳田征司（2015）『日本語の歴史5下　音便の千年紀』、武蔵野書院
山内洋一郎（1980）「院政期の連体形終止」、柳田征司（編）『論集日本語研究13　中世語』、有精堂出版（『国文学攷』21（1959）に基づく）
湯澤幸吉郎（1981）『室町時代言語の研究　抄物の語法』、風間書房
ロドリゲス、ジョアン（原著）、土井忠生（訳註）（1955）『日本大文典』、三省堂出版

渡辺由貴・市村太郎・鴻野知暁（2015）「『虎明本狂言集』のコーパスデータにおける短単位認定の諸問題」、『第7回コーパス日本語学ワークショップ予稿集』

第6章 江戸時代

市村太郎

『江戸時代編 I 洒落本』中で使用されている断定の助動詞「だ」「じゃ」「なり」の終止形を検索し、それぞれの舞台となった地域別の頻度を表にまとめて確認してみよう。何か特徴はうかがえるだろうか。

この発題で「終止形」に限定するのは、3語共通の連用形「で」などの扱いが難しく、「だ」「じゃ」「なり」と形態上はっきり異なる「終止形」のみで比較する方がデータとしての確かさが勝るためである。

まず「短単位検索」で「「語彙素」が「じゃ」」と指定し、さらに「短単位条件の追加」を行い、「「活用形」の「大分類」が「終止形」」「「品詞」の「大分類」が「助動詞」」と指定し、「検索対象」で「「江戸」の「洒落本」」をチェックし、「江戸」「京都」「大坂」についてそれぞれ検索して数えてみよう。同じように、「だ」でも検索してみよう。「なり」を検索する場合は、伝聞推定の助動詞「なり」と区別するため、上記の条件に加えて、「「活用型」の「小分類」が「文語助動詞-ナリ-断定」を短単位の条件に追加しよう。

その結果をまとめると、表6.1のようになる。

表6.1の結果を確認すると、まず助動詞「じゃ」の終止形は、京都・大坂を舞台とする作品で、例えば次の(1)のように多く使用されている一方、江戸を舞

表6.1 断定の助動詞「じゃ」「だ」「なり」終止形の作品別頻度

	江戸	京都	大坂
じゃ	29	544	630
だ	854	100	23
なり	145	174	107

台とする作品では少ない。

(1)　孔子曰「いや／＼酢はすいが酢のあじじや。釈迦のあまいといわるゝは方便也。苦いとあるは老子のすねなり。(聖遊廓、52-洒落 1757_01005, 24880、大坂・会話)

他方、助動詞「だ」の終止形は、次の(2)のように、江戸を舞台とする作品において多く使用され、京都・大坂を舞台とする作品で少ない。

(2)　とめ「ありやおりよさんだ」といふて(郭中奇譚・52-洒落 1769_01001, 9920、江戸・会話)

助動詞「なり」の終止形は、3語のうちもっとも全体の頻度が少ないものの、ほぼ全作品に見られる。次の(3)のように割書きに見られるのが特徴的である。

(3)　板がしらとはよせばの板がしらだといふ事大いその通詞也此舟はさのみいそぎもせねばやう／＼右に白ふねいなり左にしゆみの四てん川岸をみてゆきすぐるなり(仕懸文庫、52-洒落 1793_01066,37830、江戸・割書き：図6.1)

断定の助動詞各語の終止形の出現地域を確認すると、「なり」が地域を超えて割書きなどで使用されるとともに、「じゃ」は京都・大阪(＝上方)を舞台とする作品で、「だ」は江戸を舞台とする作品で、それぞれ多く使用されている。

このように、江戸時代の洒落本では、舞台とする地域によって、会話文で用いられる断定の助動詞に差があることがわかる。

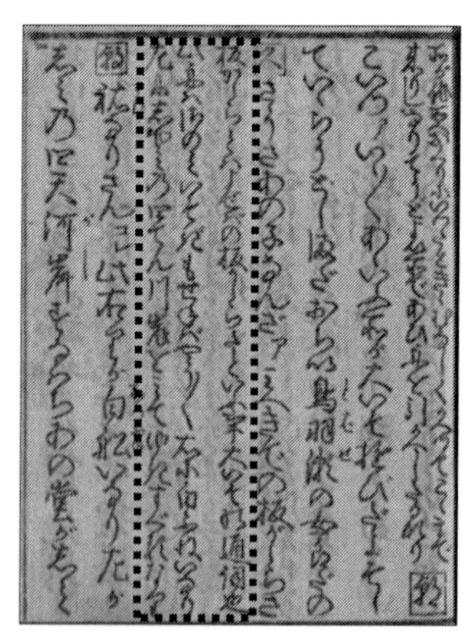

図6.1　『仕懸文庫』9丁表の割書き
「割書き」では、小書きで本行に対する注釈や地の文に相当する記述がなされる。(コーパス参照画像の国立国語研究所蔵本による。)

例題1　洒落本の会話文で用いられやすい助動詞とそうでない助動詞にはどのような違いがあるだろうか？

■ データ作成の手順

『江戸時代編』に含まれる『洒落本』を「中納言」で利用する。

① 「中納言」の画面の「検索対象を選択」で、「江戸-洒落本」にチェックを入れる。「短単位検索」で、「「品詞」の「大分類」が「助動詞」」を選択して検索し、検索結果をダウンロードする。

② ダウンロードしたデータをExcelで開き、ピボットテーブルを用いて、「本文種別」を列ラベルに、「語彙素」を行ラベルにした各語の頻度表を作成する（付録8.2、p. 169）。

③ ②で作成した頻度表から、見出しとなる語彙素、「会話」（韻文を除く）の出現頻度、総計を抜き出す。

④ 各語の全用例に占める、「会話」での出現例の百分率を算出し、次の行の見出しを「会話率」などとし、それぞれの語彙素について記す。

■ 考　察

表6.2は、各助動詞の全用例数と会話文（韻文除く）での用例数、全用例に占める会話文の用例の割合を算出し、その「会話率」をもとに降順に並べ替えたものである。会話文に出現する率が上位のものほど会話文での出現に偏り、下位のものほど地の文や割書きで出現するケースが多いこととなる。

なお、上記の手順で、総数が10を下回る語を検討対象から除外しているが、それは総数が少なすぎる場合、その例のみで判断するのが困難だからである。

さて検索の結果について、まず、会話文で用いられることの少ない語について見ておくと、完了の助動詞「つ」「ぬ」「たり」「り」や、過去の助動詞「き」「けり」、推量の助動詞「む」「けむ」「べし」、否定推量の助動詞「まじ」など、いわゆる「古典文法」に登場する助動詞ばかりである。

この中で最上位は「たり」であったが、一つ順位が上の「せる」とは40ポイント近い差があり、ここに歴然とした差があることがうかがえる。

また、60～70%台の語には、「せる」「れる」「ず」「させる」「られる」「たが

表6.2 助動詞の用例数に占める会話文使用率（総数10例以上の語）

語彙素	会話	総計	会話率	語彙素	会話	総計	会話率	語彙素	会話	総計	会話率
げな	54	54	100%	じゃ	1,411	1,443	97.8%	せる	113	188	60.1%
さしゃる	23	23	100%	ます	1,810	1,859	97.4%	たり	85	402	21.1%
さんす	14	14	100%	まい	233	240	97.1%	しめる	2	11	18.2%
しゃる	55	55	100%	んす	50	52	96.2%	き	53	343	15.5%
なんだ	66	66	100%	なます	46	49	93.9%	つ	2	13	15.4%
べい	18	18	100%	た	3,003	3,343	89.8%	む	26	218	11.9%
や	18	18	100%	たい	132	156	84.6%	なり	153	1,478	10.4%
やがる	41	41	100%	しゃんす	15	18	83.3%	ぬ	7	70	10%
よる	11	11	100%	てる	16	20	80%	ごとし	7	74	9.5%
やんす	353	354	99.7%	たがる	11	15	73.3%	り	9	96	9.4%
だ	4,216	4,236	99.5%	られる	104	142	73.2%	べし	11	152	7.2%
ない	305	307	99.3%	させる	20	29	69%	けり	3	168	1.8%
やる	208	210	99%	ず	1,553	2,304	67.4%	けむ	0	10	0%
いす	314	318	98.7%	れる	325	483	67.3%	まじ	0	14	0%

る」があるが、中世に「たし」から派生した「たがる」以外は、いずれも活用は変化したものの、古典文法でも現代語でも共通して用いられる助動詞である。

一方、表6.2にあげた、会話文で使用される傾向のある語のリストを見ていくと、特に用例数の多い助動詞では、過去を表す「た」、断定を表す「だ」、否定を表す「ない」、丁寧を表す「ます」など、古典文法では現れず、現代語で用いられる助動詞が多く出現していることがわかる。

このことから、地の文や割書きなど会話文以外の箇所は、原則として古典文法に即して記されていることがうかがえる一方、会話文では古典文法で用いられなかったような助動詞が多用されていることがわかる。

そしてこの会話文での出現率が高い助動詞には、現代で用いられる、用いられないにかかわらず、中世以降に成立したと見られる助動詞が多数あがっている。初出用例を重視する『日本国語大辞典第二版』と突き合わせてみると、表6.3の通りであった。

用法分類の問題などはあるものの、「げな」の初出が『土井本周易抄』（1477年）、「しゃる」の初出が『狂言記』（1660年）、「なんだ」の初出が『史記抄』（1477年）…というように、古典文法の活用形を持つ「たし」を含む「たい」を除いては、いずれも中世以降の、そして多くの語が口語的性格を持つ文章を含む資料の用例が初出とされている。

このように、洒落本中の会話文における助動詞と、それ以外の箇所（地の

表 6.3　会話文出現率が高い助動詞の『日本国語大辞典第二版』初出資料

語彙素	会話率	『日本国語大辞典第二版』初出例出典
げな	100%	土井本周易抄〔1477〕
さしゃる	100%	狂言記〔1660〕
さんす	100%	仮名草子・浮世物語〔1665 ごろ〕
しゃる	100%	狂言記〔1660〕
なんだ	100%	史記抄〔1477〕
べい	100%	本福寺跡書〔1560 ごろ〕（文末終止の「べい」）
や	100%	洒落本・興斗月〔1836〕（本コーパス収録『原柳巷花語』（1764）に初出をさかのぼる例あり）
やがる	100%	歌舞伎・暫〔1714〕
よる	100%	浄瑠璃・曾根崎心中〔1703〕
やんす	99.7%	色茶屋頻卑顔〔1698〕
だ	99.5%	足利本人天眼目抄〔1471-1473〕
ない	99.3%	ロドリゲス日本大文典〔1604-1608〕
やる	99%	天草本伊曾保物語〔1593〕
いす	98.7%	洒落本・虚誕伝〔1775〕
じゃ	97.8%	漢書列伝竺桃抄〔1458-1460〕
ます	97.4%	ロドリゲス日本大文典〔1604-1608〕
まい	97.1%	漢書列伝竺桃抄〔1458-1460〕
んす	96.2%	仮名草子・浮世物語〔1665 ごろ〕
なます	93.9%	浄瑠璃・いろは蔵三組盃〔1773〕
た	89.8%	為忠集〔鎌倉中か〕
たい	84.6%	栄花物語〔1028-1092 ごろ〕
しゃんす	83.3%	歌舞伎・金岡筆〔1690〕
てる	80%	雑俳・壬生の雨〔1742 ごろ〕

文・割書きなど）における助動詞の使用傾向を比較すると、前者では話し言葉の中で比較的新しく登場した語が多く用いられている一方、後者では古典文法の助動詞が主として用いられており、両者の差が明確に現れる結果となった。

解説 1

江戸時代の話し言葉を知るための資料　江戸時代は、話し言葉と書き言葉が大きく乖離していたとされる時代であり、当時の話し言葉の状況を知るためには、話し言葉が何らかの形で記された資料を調査対象とする必要がある。研究上、話し言葉の状況を知るための資料としてよく用いられるものには、洒落本のほかに、近世前期上方語を反映するとされる近松門左衛門によってつくられた世話物浄瑠璃の台詞や、近世後期江戸語資料として重要な、式亭三馬の『浮世風呂』・『浮世床』に代表される滑稽本、さらに時代が進んだ幕末期江戸を反映するとされる人情本などの資料における会話文がある。

ただし、これらの作品の地の文や割書きについては、同じく原則文語体で記されている点に注意が必要である。

実際に同一作品内におけるそれぞれの箇所の用例を比較してみよう。下記にあげたのはそれぞれ、洒落本『仕懸文庫』（山東京伝作）中、冒頭の地の文(4)、割書き(5)、会話文(6)からの例である（助動詞以外の特徴的な語法には波線を引いた）。

(4)　東山に妓を携し漢の驕者もいまだ綵皂舗の出番のちよつきり遊び酒肆の枝蔵がへりのたのしき事を知るべからず爰に後鳥羽院の御宇文治建久の昔鎌倉の巽にあたつて一ツの女肆あり大磯と名づく爰に来りては陶朱倚頓が富も桂林の一枝のごとくこゝに居ては昭君楊妃か美も崑山の片玉にひとしく黄金の塵塚鬱気の捨場陽気盛の場所にして顱巻安座の失礼も所からとて目にたゝずサツサおせ〳〵の鄭声じつに雅楽をみだし忠臣もまよひ孝子もうかれ老たるとなく若きとなく権介となく八兵衛となくやたらに行むしやうに通ひ振らるゝあれば照らさるゝあり（52-洒落1793_01066、地の文）

(5)　小林の朝ひなとしは三十ぐらいゆうきじまのひとへものろの小もんのはをりぬいでそばにをくこれはかねて大いそのつうなり（…中略…）今一人は団三郎とてそがの十郎がかみなりこしらへはすいりやうあるへし（52-洒落1793_01066、割書き）

(6)　十郎コウ朝さん今花水橋のうへを通つた侍はかのやつがつとめてゐたやしきの次男だぜ朝ひなフウなんだかごうせへに武ばつたなりだのうみねへ檜垣もこうしてみると大きなもんしやアねへか団三此おや船には大ぶんいみことばがありやすねへ茶わんなどのこわれた事をはじたといひやすわつちやア一度へゝツてみやした（…中略…）十コレ朝ひなさん今あの舟はなぜあすこへつけて船頭を上ケたのう朝よくある事だがあれは大いそあそびのきもといふ所さ鳥羽瀬の客とみへるがあのりくつは先へいつた舟のきやくと跡からきた舟のきやくと同じ女郎をならんで買といふやつさあとからきたやつは先のやつをみしつてゐるから船頭をおかをかけさせてさきへ口をきりにやつたのさ先のやつは跡のやつを見しらぬからうか〳〵いつたがなんぼいそいていつてもモウ後手になる

といふやつサ（52-洒落 1793_01066、会話文）

まず(4)の地の文では、助動詞「べし」、「ず」、「ごとし」、「たり」、「る」など、古典文法の助動詞が用いられており、助動詞「る」は、「るゝ」という下二段型活用の連体形が用いられている。また、助動詞のほかにも、漢文訓読調を含む点、形容詞連体形活用語尾が「き」である点など、古典文法の枠組みが維持された硬い文語体で記されていることがうかがえる。(5)の割書きも、古典文法の助動詞「なり」「べし」が使われるなど、(4)と同様に文語体である。

他方会話文より抜き出した(6)では、話し言葉で用いられる助動詞「ない（ねへ)」「やす」「た」「だ」が見られ、さらに「ねへ」のような音訛形も見られる。また、地の文や割書きなどと異なり、「フウ」や「コレ」などの感動詞や、「さ」などの終助詞、「ている」のような現代用いられる助動詞相当の複合辞など、話し言葉の要素が多数見られる。また動詞「見える」は下一段活用化している。

つまり、洒落本の助動詞の「本文種別」に見られる出現状況の差は、会話文に見られる当時の話し言葉と推測される表現と、地の文・割書きの文語的表現との差が如実に反映されたものなのである。

話し言葉の歴史としての日本語史の資料として洒落本を扱う場合には、当時の話し言葉に近いとされる会話文を分析対象とすることが重要である。

コラム

江戸時代の文語資料

江戸時代の言葉を対象とする研究においては、年代が調査目的に適合するとしても、全編が文語体で記されているような資料に見られる語法を、当時の話し言葉の語法と混同しないよう注意が必要である。例えば洒落本と同時期に刊行された上田秋成の読本『雨月物語』（1776 刊）の例を見てみよう。

(7)　九月下旬、けふはことになごりなく和たる海の、暴に東南の雲を生して、小雨そぼふり來る。師が許にて傘かりて歸るに、飛鳥の神秀倉見やらるゝ邊より、雨もやゝ頻なれば、其所なる海郎が屋に立よる。あるじの老はひ出て、「こは大人の弟子の君にてます。かく賤しき所に入せ給ふぞいと恐まりたる事。是敷て奉らん」とて、圓座の汚なげなるを清めてまゐらす。「霎時息るほどは何か厭ふべき。なあはたゝしくせそ」とて休らひぬ。外の方に麗しき聲して、「此軒しばし惠ませ給へ」といひつゝ

> 入來るを、奇（あや）しと見るに、年は廿（はたち）にたらぬ女の、（…中略…）さりとて男たつ者（もの）もつれざるぞいとはしたなる事（わざ）かなと思ひつゝ、すこし身退（しりぞ）きて、「こゝに入せ給へ。雨もやがてぞ休（やす）なん」といふ。（巻四「蛇性の婬」、『日本古典文学大系』による。）

波線部が会話文の箇所であるが、地の文と変わらず、助詞・助動詞など、古典文法に即して記されている。また、「な～そ」の禁止や、「何か～べき」「ぞ～なん（なむ）」の係り結びなど、話し言葉では中世ごろに衰退したとされる、文語体の文章に特徴的な構文が出現している。すなわち、秋成は『雨月物語』を、地の文・会話文通じて古典文法に即した擬古文で記しているのであって、このような資料を話し言葉が反映された資料とみなすことはできない。

上記の『雨月物語』のほか、曲亭馬琴の『南総里見八犬伝』、『椿説弓張月』などの読本や、種々の随筆や論説は、原則文語体で記されている。また、書簡は候文体で記されることが多く、公的な文章は漢文または漢文訓読体が主であった。

江戸時代には、このような文語体や候文体、漢文訓読体で記された資料が圧倒的に多く存在するのに対して、話し言葉を知るための資料は、先にあげたような、世話物浄瑠璃の台詞や、近世後期の洒落本、滑稽本、人情本の会話文が主体である。そのほかは、浄瑠璃・歌舞伎台本、噺本、『難波鉦』のような一部の評判記、本居宣長『古今和歌集遠鏡』の俗語訳部分、柴田鳩翁『鳩翁道話』や中沢道二『道二翁道話』などの心学道話、服部南郭『唐詩選国字解』などの講義物など、近世の資料のうちの一部に限られる。

ただしもちろん、『雨月物語』のような読本も、擬古文などの中においても現れうる近世語的要素（例えば近世に使われ始めた漢語の語彙など）を見出していく、あるいは近世の文語ならではの特徴を見出していく、などという目的であれば、非常に重要な資料となる（例えば鈴木（2003）などがその例である）。

江戸時代の日本語を分析対象とする場合には、文体に留意し、研究の目的や意図に合った適切な資料を選定することが重要である。

演習 1

洒落本で使用されている終助詞については、会話文での出現傾向に違いは見られるだろうか。例題1の結果（助動詞）と比較すると、どのような違いが見られるだろうか。また、助動詞や終助詞という品詞の性質と、会話文との関わりを考慮して、違いが生じた原因を考察してみよう。

発展1　洒落本における、接続助詞や副助詞には会話文での出現傾向にどのような特徴があるだろうか。

例題2　洒落本の江戸語話者と上方語話者の会話文で用いられる助動詞には違いがあるか？

■ データ作成の手順

例題1でダウンロードした洒落本助動詞の検索結果一覧のExcelファイルを利用する。なお、今回は話者情報の「地域」を用いるが、2018年時点で情報修正中であったID「52-洒落 1776_01006」『無論里問答』はあらかじめ除いた。

① 「話者」の後・「文体」の前に、新しい列を四つ挿入する。

② 「話者」列全体を選択し、メニューバーの「データ」タブからリボン内の「区切り位置」を選択する。「区切り位置指定ウィザード」が起動するので、「カンマやタブ…」を選択して進む→フィールドの「区切り文字」では「その他」のみをチェックし、右の指定欄に「-」（半角ハイフン）を指定。「完了」ボタンを押すと、話者情報が列に区切られる。

③ 見出し行で空欄になっている箇所に、左から「性別」「身分」「地域」「年齢」と入力する。

④ ピボットテーブルを用いて、「語彙素」「語彙素細分類」を行ラベルに、「（話者情報の）地域」を列ラベルにした各語の頻度表を作成する。**例題1**の②と異なる「語彙素細分類」を入れたのは、「たり」の「完了」と「断定」などを区別するためである。

■ 考　察

表6.4は、話者の「地域」情報を用いて、列を作品内の人物の使用する言語地域ごとに分け、会話文全用例に占める江戸語話者（厳密には江戸以外の東国を含む可能性がある）の用例数のパーセンテージの高い順に並べたものである。

さて、この結果から、①江戸語話者を中心に使用されている語、②上方語話者を中心に使用されている語、③江戸語話者・上方語話者の両方に、ある程度

表 6.4 話者の使用言語地域による各助動詞の使用数（計10例以上得られた語）

語彙素	江戸	上方	田舎	総計	江戸語話者比率
いす	314	0	0	314	100%
やんす	332	15	3	351	95%
やがる	37	3	1	41	90%
ない	275	13	17	305	90%
しゃる	45	8	0	53	85%
さしゃる	18	3	1	22	82%
き	32	14	0	46	70%
せる	70	35	0	105	67%
まい	114	110	2	226	50%
む	11	10	1	22	50%
られる	47	50	3	100	47%
やる	94	105	2	201	47%
れる	140	160	5	305	46%
たがる	5	6	0	11	45%
た	1,292	1,601	73	2,966	44%
たい	48	77	2	127	38%
ます	662	1,124	10	1,796	37%
させる	5	13	0	18	28%
ず	404	1,043	21	1,468	28%
たり（完了）	19	56	2	77	25%
しゃんす	3	10	0	13	23%
べい	4	1	13	18	22%
んす	5	30	0	35	14%
なんだ	8	57	1	66	12%
げな	3	51	0	54	6%
や	1	16	1	18	6%
なます	1	45	0	46	2%
よる	0	11	0	11	0%

※本表では前述のように出現形の分別が明確でない断定の助動詞「だ」「じゃ」「なり」は除いた。

使用される語の3種に分けてみると、おおよそ下記のようになる。

①江戸語話者を中心に使用されている語（70%以上）

…「いす」「やんす」「やがる」「ない」「しゃる」「さしゃる」「き」

②上方語話者を中心に使用されている語（30%未満）

…「んす」「なんだ」「げな」「や」「なます」「よる」「させる」「ず」「たり（完了）」「しゃんす」

③江戸語話者・上方語話者の双方に一定数使用される語（30〜70%）

…「せる」「まい」「む」「られる」「やる」「れる」「たがる」「た」「たい」「ます」

以下、地域差の大きかった①、②について確認していこう。

なお、対象となる資料が江戸10作品、上方19作品（京都9作品・大坂10作品）であるため、厳密には作品・地域ごとのテキスト量の差や作品数、1作品・同一話者の集中的使用についても考慮した数値を提示する必要がある。例えば30人の登場人物が皆1回ずつ使用している30例と、1人の登場人物のみがある特定の箇所で繰り返し30回使用している30例とでは、同じ30例でも、意味合いが大きく異なる。ただ、今回は概観することが目的であるため、必要に応じてその点に配慮しつつも、基本的には用例数（＝粗頻度）のみを用い、単純化して述べる。

①江戸語話者を中心に使用されている語

丁寧を表す「いす」は、『日本国語大辞典第二版』によると、「近世、江戸の遊里語」「江戸の吉原の遊女ことばとして発生」とある。そこでさらに、話者の男女差・身分差に着目して取得したデータを見ると、確かに多くの例が遊女の女性に使用されていることが確認できる。一方、「やんす」とそこから「撥音が脱落した」（前田、1979）とされる語形「やす」についても江戸語話者の使用が多い語であるが、「いす」と同様に話者の性別や身分の情報を確認すると、「いす」とは対照的に、男性に多く使用されていることがわかる。この語については、山崎（1963：793-794）の「女性語から男性語へ」の項において「（近世）後期の寛政頃にはすでに庶民語となっていた」（（）は筆者）との指摘があり、コーパスの状況と一致する。

次の(8)は、『花街鑑』（1822・江戸）の例であるが、遊里語「いす」を用いる「玉菊」をはじめとする遊女と、「やす」を使用する客である男性上層町人の「滝三郎」・親友「幸之助」の会話が描かれている。江戸語話者の丁寧語「いす」と「やす（やんす）」が対照的に用いられた例である。

(8)　たまもしへ今夜おいでなんした。おゐらんの客人は。あのおゐらんの。内にお出なんす時分。心安くなさりいしたお方だそふだねへこうそふさ此所へ。来た事はしらずにいつそあんじて。ゐなさるから。わつちが知らせて。やりやしたたましんじつで。あらつしやるねへ。おゐらんもいつそ嬉しがつて。おいでなんしたよ幸羨敷い事だのふ。些とあやかりてへもんだたまをやぬしも何所にか。深く馴染で。お出なんす。おゐらんがおざりいせう幸何所(どこ)へ行いつても。わつちばかり恍惚(ほれ)て。むかふがふ承知(せうち)だから。身に染(しみ)て馴染(なじみ)に。なるといふやうな。おもしろい目に。遭(あつ)た事がござりやせん（花街鑑、52-洒落 1822_01062）

次に「やがる」は、「やあがる」という語形も持ち、使用者以外が主体となる動詞の連用形に付いて、卑しめる意を持つ。湯澤（1962）に前身の「あがる」とともに例があげられており、近世前期には上方語でも用いられたようであるが、本調査の近世後期語では江戸語話者に偏っている。また、語形別でも、前田（1964）に「上方語は「やアがる」といわぬ。」（p. 1134）とある通り、「やあがる」の例は江戸語話者に偏る（ただし湯澤（1962）には上方の「やあがる」の例有）。

否定の「ない」も、近世後期江戸語の特徴として、有名なものである（小松、1985）。本調査でも、その江戸語と上方語の差異をはっきりと確認することができた。

②上方語話者を中心に使用されている語

丁寧を表す敬語助動詞「なます」は、前田（1964）によると、「明和期から天保ごろまで行われ、嘉永に入って廃滅した。島原・新町の女性用語」（p. 843）とあり、『浪花方言』などの方言書にも記載があるとのことである。先の「いす」「やんす」も含め、敬語助動詞に関しては、各地域の遊里との関わりを背景とした地域性が用例数の分布にも表れている（なお、江戸語話者に1例あるが、これは底本『洒落本大成』において、『阿蘭陀鏡』の「犬」（犬順・後述）が「太」（太夫）と誤植または誤刻されたことによると見られる）。

次に、否定を表す「なんだ」について、湯澤（1981：471）は、人情本の例をあげつつ、近世後期江戸語で「ない・なかった」と「ぬ・なんだ」は「五分々々」で併存し、明治以降東京語で衰退したとしている。また『日本国語大辞典第二版』によると、現代では西日本で使用される語とされている。本調査の結果と照らし合わせると、全体の用例数では上方語話者に偏っているのだが、作品数では、江戸を舞台とする10作品のうち、洒落本『甲駅新話』『仕懸文庫』『総籬』『深川新話』『花街鑑』の5作品に見られるため、用例数のみによって直ちに上方語に偏り、江戸語ではあまり使われないと断ずることはできないであろう。

続いて、伝聞を表す「げな」は、『日本国語大辞典第二版』を見ると、後年「そうな」に取って代わられたとのことであるが、この時代の上方語話者には多く使用されている。試みに「名詞-助動詞語幹」の「そう」も検索すると、全66例のうち江戸語話者30例、田舎1例、上方35例であった。つまり江戸語では「そうだ」に偏る一方、上方では両語が並存している状況がうかがえる。

断定の「や」は、上方語に特徴的な助動詞「じゃ」の変化した語であり、上方の全16例中14例が『興斗月』に偏っている。「よる」も同様に、補助動詞「おる」が上方語で変化した語である。

以上、本調査で地域差の現れた助動詞について、先行研究を参照しつつ簡単に記述してみたが、洒落本の会話文の助動詞は、その話者の地域性を明瞭に映し出していることがうかがえるであろう。助動詞の使用状況は、口語体・文語体の別だけでなく、登場人物の地域性を表す一つの大きな指標となるのである。

さて、ここまで確認したところで、冒頭の表6.1において、助動詞「なり」の終止形が、「だ」「じゃ」に比してほぼ全作品に見られたという点についても考えておこう。

例題1、**2**で見たように、助動詞「だ」と助動詞「じゃ」は、主として会話文の中で使用され、はっきりとした東西の地域差が見られる語であった。一方、助動詞「なり」の終止形は、地の文や割書きに多く出現するのだが、地の文や割書きは、東西に関わらず、古典文法に基づく文語体で書かれており、地域差が薄い。したがって、文語助動詞である「なり」は、地域的な偏りのある「だ」「じゃ」に比して、多くの作品で確実に用例が確認されるのである。

解説2

江戸語と上方語の語法　本章で資料として用いた江戸・上方を舞台とする洒落本は、近世後期の江戸語と上方語の対比を行う上での重要な資料とされている。江戸語と上方語の相違は、文法・語彙はもちろん、音韻、待遇表現など多岐にわたる。ここでは、小田切（1943）や小松（1985）を参考にいくつかあげておく。

まず、上でも見てきたが、使用される助動詞の相違がある。江戸語では断定の助動詞「だ」が用いられることが多いが、上方語では「じゃ」が用いられる。

また、江戸語では打消しの助動詞「ない」が「ぬ（ず）」と併用されるのに対し、上方語では「ぬ（ず）」が使用される。

また、助詞にも相違がある。原因理由を表す接続助詞に関して、江戸語では「から」が多く使用されるのに対し、上方語では「から」に加え、「によって」なども用いられる。

(9)　店でたゝみざんをして見たら。今夜はおいでんとあつたゆゑ。しんきにはあり内へいんで。べゞきかへて。もふどこからよびに来てもずらすつもりのとこへ。男衆か来て。おすきなとこでござりますといふたによつて。いつこうれしかつた（箱まくら、52-洒落1820_01048,181400、京都・会話・話者：芸子小竹）

用言の活用に関しては、ワア行五段活用動詞について、連用形で助詞「て」や助動詞「た」に接続するとき、促音便となるかウ音便となるかの違いがよく知られている。次の例は、江戸を舞台とする洒落本『郭中奇譚』(10)と、その上方版の異本(11)である。

(10)　客ヲヽ三舛ウが紋がついてあるコリヤ見ろ此下駄もかツたアよいつものよりや背が高いよふだ客木がゑエワイそのかわりにそくがれんたアよおらがのもまいばん本所からこゝ迄くるのだからはやくへるぞ（郭中奇譚、52-洒落1769_01001,80730）

(11)　客此中夜見世で買た八蔵の紋か付てある惣かほんになあ今夜はよふ見へる客まだ見てくれ此下駄もかふた惣かほんにな何とやらいつものとはせが高いよふな客五ふだかの桜台しやそのたいにそくがれんしやあつた（異本郭中奇譚、52-洒落1772_01035,111620）

この二つを比べると、内容的に対応する「買う＋た」の箇所が、江戸版の(10)では「かった」の促音便形、大坂版の(11)では「こうた」のウ音便形で出現している。ある表現について、江戸語と上方語を比較対照する際は、このように江戸・上方の異本関係にある資料を確認するのも一つの有効な手段である。

ところで、**導入**で見た、断定の助動詞終止形の使用状況のうち、上方を舞台とする『阿蘭陀鏡』に江戸語を特徴づける「だ」の使用が多く見られるのはなぜだろうか。

断定の助動詞「じゃ」は、近世上方語話者が使用する表現である。一方で江戸語の話者の会話文では、「じゃ」が用いられないわけではないが、断定の助動詞は「だ」が主流となる。『阿蘭陀鏡』以外の作品では「上方が舞台=「じゃ」優勢」、「江戸が舞台=「だ」優勢」という、通説に沿った使用状況である中で、この状況はどう解釈したらよいであろうか。

これには『阿蘭陀鏡』の登場人物の設定が関連している。『阿蘭陀鏡』において会話文に助動詞「だ」が使われている登場人物は、主人公的な扱いの「犬順」と、連れの「通見」、「茂佐左衛門」の3名である。例えば下記の例がある。

(12) ありやお屋舗のお侍(さふらひ)さんトいへば負(まけ)ぬ気(き)になり肩(かた)をぬぎこたへなはちまきし犬ナンダ侍だ。菖蒲皮(しようぶかは)が。おツかねヱか。ちと切られてヱ。(阿蘭陀鏡、52-洒落 1798_01012,89790)

(13) 中居を恨(うら)みにくむより外なしと。通見(つうけん)はつく〴〵顔(かほ)をうちながめ通手(て)前(まへ)は守(まも)り本尊(ほんぞん)が不動(ふどう)かしてとんだこわひ顔(つら)だちと蛭子(えびす)さんでも。信心(しんじん)して笑(わら)ふたがゑヱ(阿蘭陀鏡、52-洒落 1798_01012,29830)

「犬順」の会話文の中には「おっかない」という語が出現する。この語は、1775(安永4)年刊の方言書『物類称呼』で、「○おそろし[こはし]畿内近国或は加賀及四国なとにて・をとろしいと云西国にて・ゑずいと云[薩摩にては人に超(こえ)て智の有をゑずいと云]伊勢にて・をかれいと云遠江にて・をそおたいといふ駿河辺より武蔵近国にて・をつかないといふ」とされる。また、用例中、語尾の「ない」が「ねへ」と転訛されている。これらの言葉遣いから、「犬順」は江戸または東日本の言葉を用いる人物と推測されるのである。また、「通見」の会話文にも「とんだ」という、江戸語でよく使用される程度強調表現がある。

そこで本文を確認すると、巻之一の冒頭に、下記の記述があることに気付く。

(14) 斑毛斎犬順(はんもうさいけんじゆん)。椽(ゑん)の手摺(てすり)に頤(あご)をのせ。庭(には)をながめて居ながらも。流石医(さすがい)師(しや)だけあつて。聞はつゝた俗語(ぞくご)を間違(まちがひ)ながらおり〳〵つかふ。今ひとりは画馬通見(ゑまつうけん)とて是も同じく犬順仕込(しこみ)の江戸なまり。(阿蘭陀鏡、52-洒落 1798_01012,7490)

つまりこの2名は、聞きかじった「江戸なまり」を使用して通ぶっている登場人物という設定であり、そのため、2人の会話文には、助動詞「だ」も含め、江戸語らしい語法が見られるのである。また、もう1名「茂佐左衛門」も、「奥(おう)州化言(しうなまり)の茂佐左衛門」と、奥州の方言話者として本文に示されている。

このように、舞台が上方であるからといって、その作品の登場人物すべてが上方語話者とは限らず、江戸出身者、またはそれを模した言葉遣いをする人物や、地方出身の登場人物が出現することがある。これは舞台が江戸の作品においても同様である。そのため、洒落本の会話文を資料として利用する際は、出版地や舞台とされた地域だけではなく、その話者の特徴も確認する必要がある。

この洒落本コーパスの話者情報における「地域」情報は、このような出版地・舞台と話者の方言が異なるケースにも対応するために付与されている。必要に応じてこの情報をもとに本文を確認し、より詳細な情報を得ることで、話者の属性に配慮したきめ細かい分析を行うことができる。

演習 2　洒落本の男性話者の会話文、女性話者の会話文で用いられる助動詞や助詞に違いはあるか、調べてみよう。

発展 2　本章で調査した洒落本の会話文で使用されている助動詞について、『明治・大正編 II 教科書』など、後年の資料を対象としたコーパスを調査し、どのような語が標準語・現代共通語として残っていったか、あるいは衰退したか、確認してみよう。

例題 3　**洒落本の会話文（韻文除く）で使用されている「外来語」と『室町時代編』・『平安時代編』の会話文で使用されている「外来語」をリストアップして比較し、語の出自や用法に着目して、洒落本に見られる外来語語彙の特徴をあげてみよう。**

■ **データ作成の手順**

① 「中納言」の画面の「検索対象を選択」で、「平安」の「コア」・「本文種別」「会話」、「室町」の「コア」・「本文種別」「会話」、「江戸・洒落本」の「コア」・「本文種別」「会話」にチェックを入れる。「短単位検索」で、「「語種」

が「外」」を選択して検索し、検索結果をダウンロードする。

② フィルタを用いるなどして、本文種別「会話」以外（例えば「会話-韻文」など）を取り除いておく。

③ ピボットテーブルを用いて、「サブコーパス名」「語彙素」を行ラベルに、「語彙素」を値とした各語の頻度表を作成する。

■ 考　察

表6.5、表6.6、表6.7は、検索結果の頻度表を、時代ごとに分割したものである。

まず全時代に共通するのは、仏教用語が多いという点であろう。「菩薩」「菩提」「達磨」などの梵語由来の語は、『日本語歴史コーパス』では「外来語」に分類されており、平安時代から江戸時代、さらには現代に至るまで、使用例が見られる。

次に、各表を見比べたときに、相違点としてあげられるのは、『江戸時代編』では、それまでわずかに見られる程度であった洋語が多数見られる点であろう。

表6.5　『平安時代編』会話文の外来語語彙素（21語）

語彙素	数	語彙素	数	語彙素	数	語彙素	数
マンダラ	1	護摩［ゴマ］	2	納蘇利［ナソリ］	2	優曇［ウドン］	1
阿闍梨［アジャリ］	13	三昧［サンマイ］	5	波羅蜜［ハラミツ］	2	瑠璃［ルリ］	2
維摩［ユイマ］	3	陀羅尼［ダラニ］	4	般若［ハンニャ］	2	菴羅［アンラ］	1
伽藍［ガラン］	2	達磨［ダルマ］	1	菩薩［ボサツ］	6		
兜率［トソツ］	1	頭陀［ズダ］	1	菩提［ボダイ］	5		
袈裟［ケサ］	4	南無［ナム］	4	牟尼［ムニ］	1		

表6.6　『室町時代編』会話文の外来語語彙素（35語）

語彙素	数	語彙素	数	語彙素	数	語彙素	数
ギリホ	1	三昧［サンマイ］	1	南無［ナム］	7	羅漢［ラカン］	2
ナチュラル	1	舎利［シャリ］	1	比丘［ビク］	4	瑠璃［ルリ］	1
パストル	1	修羅［シュラ］	3	比丘尼［ビクニ］	8	刹那［セツナ］	2
パン	1	総持［ソウジ］	2	菩薩［ボサツ］	4	娑婆［シャバ］	17
ぼろおん	1	卒塔婆［ソトバ］	1	菩提［ボダイ］	6	娑羅［サラ］	1
伽藍［ガラン］	2	達磨［ダルマ］	2	夜叉［ヤシャ］	8	涅槃［ネハン］	2
袈裟［ケサ］	8	旦那［ダンナ］	30	弥陀［ミダ］	4	閼伽［アカ］	1
護摩［ゴマ］	1	泥犁［ナイリ］	1	優曇［ウドン］	2	閻浮［エンブ］	2
沙門［シャモン］	1	奈落［ナラク］	1	優婆塞［ウバソク］	1		

表6.7 『江戸時代編 I 洒落本』会話文の外来語語彙素（43語）

語彙素	数	語彙素	数	語彙素	数	語彙素	数
アシキ	1	シネップ	1	ピン	1	達磨［ダルマ］	1
アベ	1	シネベシ	1	マルメロ	1	旦那［ダンナ］	90
アルヘイ	1	シャボン	1	メリヤス	5	鉄刀木［タガヤサン］	1
アルワン	1	スー	3	ランダ	1	南無［ナム］	3
イネップ	1	スベタ	2	レップ	1	菩薩［ボサツ］	1
イワン	1	タバコ	34	ワナケリ	1	菩提［ボダイ］	1
オマン	1	テレメンテン	1	伽羅［キャラ］	6	羅漢［ラカン］	1
カステラ	1	トップ	1	護摩［ゴマ］	1	娑婆［シャバ］	1
カッカ	1	トベシ	1	合羽［カッパ］	4	涅槃［ネハン］	1
カルタ	1	ドロンコ	1	桟留［サントメ］	1	襦袢［ジュバン］	2
キセル	9	ビロード	2	修羅［シュラ］	1		

※下線のある語彙素は、この調査範囲内で江戸時代編のみに見られたもの。

ただ注意すべきは、ほとんどの語が「頻度1」である点である。実はこれらの多くは、次例のように、先ほどの『阿蘭陀鏡』という作品の、通人ぶった医師「斑毛斎犬順」という登場人物の会話文で出現するものである。

(15) 犬順(けんじゆん)は何がなほれさしと。ろうかの柱(はしら)を異国言葉(いこくことば)をもつてよむシネップ［一］トツプ［二］レツプ［三］イネツプ［四］イワン［五］アルワン［六］シネベシ［七］トベシ［八］アシキ［九］ワナケリ［十］ちようど十本あるといひ／＼。坐敷を見れば誰(たれ)もゐず。(阿蘭陀鏡、52-洒落 1798_01012,106480、[] は左傍記)

そのため、この調査範囲の中で、単純に「会話文で使用される洋語が増加した」とはいえない。ただ、通人ぶった医師が知識をひけらかすために「異国言葉」を使う描写をされうるということ自体が、江戸時代後期の言語生活を反映しているともいえ、貴重な言語事象の描写とはいえるであろう。

そのような中にあって、「キセル」(8作品)、「タバコ」(14作品)、「合羽」(3作品)、「スベタ（「醜い女」の意）」「ビロード」「襦袢」(2作品）と、全体で複数の用例が得られ、かつ複数作品で出現する、調査範囲内で江戸時代初出の語の存在が目を引く（なお「メリヤス」は『総籬』のみ)。これらはいずれも、西洋文化とともに流入したと考えられる語であり、また「スベタ」以外は現代共通語でも耳にする語である。このような語が、江戸時代後期の会話文において、日常耳目に触れるような言葉としてある程度定着していたことがうかがえる。

解説３

江戸時代の外来語　中世以前の外来語では、仏教関連の用語が多数見られる。これらは、漢字音を用いて梵語を音訳したもので、仏教の伝来に伴って中国大陸を介し、漢語とともに流入したと考えられる。そのうち「刹那」や「旦那」、「瑠璃」など一部の語は、意味の変遷を経て、宗教的な意味合いの薄れた日常語として定着するようになる。

また室町時代後期以降になると、南蛮貿易やキリスト教の布教により、主としてポルトガル語由来の外来語も流入した。「キリシタン」、「デウス」、「セミナリヨ」などのキリスト教用語や、「カッパ」、「タバコ」、「カステラ」などの一般的な事物を表す語が該当する（なお「キセル」は、新村（1940）によると、カンボジア語由来で南蛮貿易時に喫煙文化とともに流入したとされる）。ただ、江戸幕府のキリスト教禁止政策により、前者は表立って用いられなくなっていく。

その後、鎖国政策の中でオランダが限られた貿易相手となると、蘭学が行われ、教養層を中心に、次第にオランダ語由来の外来語が流通するようになった。さらに幕末以降、オランダに代わりイギリス・アメリカと政治的関係を強く持つようになると、英語由来の外来語が流通するようになる。

このような外来語の流れが、先のコーパスの状況にも表れている。「旦那」のような意味の変遷を経て日常語化した仏教用語や、「カッパ」、「タバコ」、「ビロード」、「スベタ」、「襦袢」のようにポルトガル語由来の一般物や人を指す語が洒落本の会話文に見られる一方で、キリスト教用語は見られない。

また、先の『阿蘭陀鏡』の登場人物、「犬順」という医者の会話文には、「不佞大ドロンコ［酔］に及び候。」（巻四）と、「ドロンコ」というオランダ語由来の外来語が現れる。この会話文は、山東京伝の『繁千話』（1790刊）に登場するもので、『阿蘭陀鏡』はそれを流用したと考えられるが、その元の『繁千話』では、会話の直後には「紅毛のことばに、酔た事をドロンコと云。是医者の仲間にてよく云しやれ言なり」という割書きがあり、この段階では医者の言葉という認識のあったことがうかがえる（石綿、2001：241）。

このように、各時代の外来語は、当時の日本と諸外国との関わりや、その交流の歴史を映し出す語彙であるといえる。

演習3 表6.7では、「旦那」という語の洒落本の会話文における多用も目に付くところである。『室町時代編』と『江戸時代編』における「旦那」の用例を確認して意味・用法の違いを分析し、なぜこのように多用されるようになったのかを考察してみよう。

発展3 『明治・大正編 III 明治初期口語資料』の外来語を同様に調査して一覧表をつくり、『江戸時代編』と比較して、由来や意味分野などの観点から、特徴や相違点をあげてみよう。

調査・引用資料

洒落本大成編集委員会（編）（1978～1988）『洒落本大成』、中央公論社
国立国語研究所（2018）『日本語歴史コーパス』（バージョン 2018.3, 中納言バージョン 2.4.2）
https://chunagon.ninjal.ac.jp/
越谷吾山（1775）『諸国方言物類称呼』、人間文化研究機構国立国語研究所所蔵本『諸国方言物類称呼』（2017年9月30日閲覧）
http://dglb01.ninjal.ac.jp/ninjaldl/bunken.php?title=buturuisyoko
上田秋成（1776）『雨月物語』、中村幸彦（校注）（1959）『日本古典文学大系 56 上田秋成集』、岩波書店
山東京伝（1790）『繁千話』、中野三敏（校注）（2000）『新編日本古典文学全集 80 洒落本 滑稽本 人情本』、小学館

参考文献

石綿敏雄（2001）『外来語の総合的研究』、東京堂出版
市村太郎（2014）「近世口語資料のコーパス化―狂言・洒落本のコーパス化の過程と課題―」、『日本語学』**33**(14)（臨時増刊号・特集「日本語史研究と歴史コーパス」）
市村太郎・村山実和子（2017）「洒落本コーパス構築の試行」、『国立国語研究所論集』**12**
小田切良知（1943）「明和期江戸語について(一)―その上方語的傾向の衰退―」、『国語と国文学』**20**(8)
小松寿雄（1985）『江戸時代の国語 江戸語―その形成と階層―』、東京堂出版
佐藤武義・前田富祺ほか（編）（2014）『日本語大事典』、朝倉書店

新村出（1940）『日本の言葉』、創元社
鈴木丹士郎（2003）『近世文語の研究』、東京堂出版
中村幸彦（1971）「近世語彙の資料について」、『国語学』87
日本国語大辞典第二版編集委員会・小学館国語辞典編集部（2001）『日本国語大辞典』第二版、小学館
http://japanknowledge.com/library/
飛田良文ほか（編）（2007）『日本語学研究事典』、明治書院
前田勇（1964）『近世上方語辞典』、東京堂
前田勇（1979）『江戸語の辞典』、講談社
山崎久之（1963）『国語待遇表現体系の研究　近世編』、武蔵野書院
山崎久之（1978）「四　しゃる・さしゃる・やしゃる—敬譲〈古典語〉」、松村明（編）『古典語・現代語助詞助動詞詳説』、学燈社
湯澤幸吉郎（1962）『徳川時代言語の研究』、風間書房
湯澤幸吉郎（1981）『増訂　江戸言葉の研究』、明治書院

第7章 明治・大正時代

田中牧郎

導入 **『明治・大正編 I 雑誌』で、「ベースボール」と「野球」を検索してみよう。雑誌別・年次別の頻度から、この二つの語は歴史的にどういう関係にあるといえるだろうか。また、その用例からどのようなことがわかるだろうか。**

検索対象は、『明六雑誌』『東洋学芸雑誌』『国民之友』『太陽』の「コア」「非コア」とし、「短単位検索」で、①「語彙素」が「ベースボール」、②「語彙素」が「野球」の2回の検索を行う。それぞれの検索結果をもとに雑誌別・年次別の頻度を数え、その結果をまとめると、表7.1のようになる。なお、『明六雑誌』『東洋学芸雑誌』『国民之友』は、コーパスの設計上、それぞれ2年分をまとめて一つの時点と扱われているので、2年分を一つにまとめて表示した。

表7.1から、まず1895年に音訳語「ベースボール」が用いられ、その後1909年から「野球」が使われるようになることがわかる。その用例を見ると、次の

表7.1 「ベースボール」と「野球」の雑誌別・刊行年別頻度

雑誌名、刊行年	ベースボール	野球
『明六雑誌』1874・1875（明治7・8年）	0	0
『東洋学芸雑誌』1881・1882（明治14・15年）	0	0
『国民之友』1887・1888（明治20・21）年	0	0
『太陽』1895（明治28）年	1	0
『太陽』1901（明治34）年	1	0
『太陽』1909（明治42）年	1	26
『太陽』1917（大正6）年	0	2
『太陽』1925（大正14）年	11	30
計	14	58

ように、初出の1895年の(1)は、米国の桑港（サンフランシスコ）のベースボール場に言及するものであるが、1901年の(2)では、日本でもベースボールが流行していることをいってある。そして、意訳語の「野球」の語が多くなる1909年の例である(3)は、野球の試合が日本社会に溶け込んだことをものがたる用例になっている。

(1)　愉快廻ぐりの建物、山羊車、鞦韆、競走場、ベースボール場等の設けあれば桑港の小児は絶えず茲に集へり、（太陽1895年2号、山岸覚太郎「桑港繁昌記」、60M太陽1895_02014,64680）

(2)　近頃日本の青年の間にも「ベースボール」「フートボール」等の技が、漸く流行する様になりましたのは、（太陽1901年13号、井上豊太郎「人種強健策」、60M太陽1901_13035,89720）

(3)　早稲田対慶應の野球仕合は当分見られぬ事となれ（太陽1909年14号、「小是非」、60M太陽1909_14008,11410）

その1909年以降は、音訳語と意訳語の両方が併用されていくことも、表7.1からわかるが、「野球」の方がより多く用いられた。

英語baseballの借用は、まず、外来の事物の紹介として音訳語が用いられ、その事物が日本に溶け込むにしたがって、意訳が行われるようになり、やがて意訳語の方が普及し定着していくという流れで進んだと考えられる。意訳語が定着したあとにも、音訳語がある程度使われ続けることも興味深い。明治時代には、西洋言語から多くの語彙が借用されたが、ほかの語彙についても同様の変遷があったのだろうか。

例題1　**『明治・大正編 I 雑誌』で、明治時代前期によく使われた外来語を抽出し、この時期の外来語の変化とその背景について考察しよう。**

■ データ作成の手順

検索対象を、明治21（1888）年までの資料である、『明六雑誌』、『東洋学芸雑誌』、『国民之友』とし、「短単位検索」で「語種」「外」と指定して、検索結果をダウンロードする。Excelのピボットテーブルを用いて、雑誌別の語の頻度表を作成する（付録8.2、p.169）。表7.2は、『明六雑誌』（1874〜1875

表 7.2 明治時代前期の高頻度外来語

『明六雑誌』(1874-1875)	『東洋学芸雑誌』(1881-1882)	『国民之友』(1887-1888)
★リバティー 30	# ガス 47	☆ドル 93
*耶蘇 22	*耶蘇 44	☆ページ 89
*ゲルマン 17	# ソーダ 32	*ゲルマン 64
★シビリゼーション 16	# ニトロ 31	※タバコ 50
★ロジック 13	# オルソ 27	*耶蘇 45
*アメリカン 11	☆メートル 21	★クラブ 31
※カボチャ 11	# プロピオール 19	☆フラン 28
※タバコ 10	# アリザリン 18	☆トン 26
*ラテン 10	★タイプ 16	★インスピレーション 26
★モラル 8	*ゲルマン 15	$ タイム 24
★パッション 8	★ユニバーシティー 14	*ユニテリアン 24
★バルバリー 8	☆グラム 13	$ ガゼット 23
★リベラル 8	☆インチ 12	☆マイル 22

年)、『東洋学芸雑誌』(1881〜1882 年)、『国民之友』(1887〜1888 年) の外来語とその頻度を、頻度順に 13 語ずつ示したものである (『明六雑誌』で第 10 位に頻度 8 で 4 語が並ぶので、13 語ずつを示した)。

■ 考 察

1. データの概観と問題設定 表にあがった外来語に、タイプ別にマークを付けた。まず、# を付けた、物質名を表すものが、『東洋学芸雑誌』だけに数語見えているが、これは、自然科学をテーマとする記事が、この雑誌に多いのに対して、ほかの雑誌には少ないことによるものである。$ を付けたものが、『国民之友』だけにあるが、これらは、当時存在した通信や新聞などの海外メディア名で、この雑誌が海外メディアの記事を紹介していることによるものである。これらは、雑誌の内容に起因する語彙の特徴である。

*を付けた、民族・宗教・国家などを表す固有名詞的なものや、※を付けた、江戸時代以前から日本人の生活に溶け込んでいたものを指す語が見えているが、その中には、複数の雑誌に共通するものもある。これらは、明治前期までに、日本語に入り込んでいた外来語と見ることができるだろう。

一方、★を付けた抽象概念を表す語は、いずれの雑誌にも見られるが、複数の雑誌に共通する語はない。また、その数は、『明六雑誌』で特に多く、『東洋学芸雑誌』と『国民之友』ではあまり多くない。そして☆を付けた単位を表す語は、『明六雑誌』には全くなく、『東洋学芸雑誌』から見られ、『国民之友』で増加している。これらは、日本語への取り入れにおいて、明治前期に何らかの変化のあった外来語と見られる。そこで、抽象概念を表すものと、単位を表すものの二つのタイプの外来語について詳しく見ていこう。

2.　抽象概念を表す外来語　★の付いた11語のうち、「ロジック」と「リバティー」を例に取ろう。

①「ロジック」

この語は、『明六雑誌』に13件用いられている。四つの記事に出現しているが、そのうち三つの記事から例を引くと次の通りである。なお、用例文中の｛ ｝は、原文では割書になっていることを示す（図7.1参照）。

(4)　倍根またロジック　｛明論之法又推論明理の学と訳す｝の学に長ぜり（明六雑誌16号、中村正直「西学一斑」、60M明六1874_16003,8470、図7.1）

(5)　議論体は理性（リーゾン）に根拠し文学の潤色を仮ると雖ども其実ロジック（致知学）に淵源する者なり（明六雑誌25号、西周「知説(五)」、60M明六1874_25001,7580）

(6)　其分析の仕方を求めねばならぬと云ふ処で化学の分析法では行かないことが分つて居るからロジック即ち論理学の分析法にかけねば成らぬ（明六雑誌23号、西周「内地旅行」、60M明六1874_23001,4870）

倍根マタロジック明論之法又推論明理ノ學ト譯スノ學ニ長セリ

図7.1

これらの例から、logicに対して、点線を付した「明論之法」「推論明理の学」「致知学」「論理学」など、様々な訳が試みられていた様子がうかがえる。logicの訳語としてのちに一般化するのは「論理」「論理学」だが、『明六雑誌』でのこれらの語の使用例は、(6)を含め2件に過ぎず、明治7〜8年の段階では、logicの訳語は定まっていなかったと考えられる。適切な訳語が定まっていなかったために、音訳語「ロジック」が多用されたのではないだろうか。

『東洋学芸雑誌』や『国民之友』では、音訳語「ロジック」は、(7)の1件しかなく、代わって用いられているのは、(8)(9)のような「論理」「論理学」で、『東洋学芸雑誌』に4件、『国民之友』に25件ある。

(7)　「ロジク」の如何は皆人の知る所ならん、(国民之友27号、高橋五郎「支那内治要論」60M 国民 1888_27017,6820)

(8)　若しも之を正当の論理なりとし之を不易の金言なりとせば更に此の論理を推して（国民之友15号、酒井雄三郎「『クー、デ、ター』及国安」、60M 国民 1888_15004,17590)

(9)　然れども是れ豈に独り論理学と天文地質の学とのみに限局せんや（国民之友19号、二葉亭四迷（訳）「学術と美術との差別」、60M 国民 1888_19037,15560)

明治20年ごろまでには、「論理」「論理学」の訳語が定着したと考えられる。

② 「リバティー」

次に、『明六雑誌』で第1位の「リバティー」を取り上げよう。この語は、「リベルチー」「リボルチー」「リベルテイ」など様々な語形で使われており、計30件が、8記事で使われている。そのうち2件を(10)(11)に示す。

(10)　リーベル｛一千八百年独乙に生れ後米人となる｝が著せるシビール、リベルチー｛書名なり。臣民自由の義｝に云ふ（明六雑誌6号、加藤弘之（訳）「米国政教(二)」、60M 明六 1874_06003,19900)

(11)　リボルチー訳して自由と云ふ。其義は人民をして他の束縛を受けず自由に己れの権利を行はしむるに在り（明六雑誌9号、箕作麟祥「リボルチーの説(一)」、60M 明六 1874_09002,150)

(12)　即ち熱地の民は怯懦にして剛勇の気なきに因り多く其君に隷従して其暴命を遵奉するも寒地の民は独り剛勇の気ありて能く其自由の権を保つことを得ると為す所以なり（明六雑誌4号、箕作麟祥「人民の自由と土地の気候と互に相関するの論(一)」、60M 明六 1874_04001,3100)

(13)　設し女子を以て人間一段下等の動物と看做し男子の意に随て自由に之を使役し得るものと為すも或はある可しと雖ども是れ蛮野の事今茲に論ずるに足らざる者なり（明六雑誌15号、森有礼「妻妾論(三)」、60M 明六 1874_15001,4770)

(10)(11)は、libertyを「自由」と訳しており、(12)のように、実際にその意味で「自由」を使っている例も多い。一方、(13)の例文を読むと、「自由」は、

「好き勝手」という悪い意味で使われており、liberty にはこの意味はない。この悪い意味の「自由」は、「自由に任せて延暦寺の額を興福寺の上に打せぬるこそ安からね」（長門本平家物語・13世紀、『日本国語大辞典第二版』による）のように、古くからあったものである。『明六雑誌』の書き手たちにも、西洋語 liberty の意味は、日本語にもともとあった「自由」とは異なるものであったと認識されていたことは、次のような例からわかる。

(14)　西語にリベルテイといへる語あり。我邦にも支那にもしかとこれに当たれる語あらず。馬礼遜これを自主之理と訳し羅存徳任意行之権と訳したり（明六雑誌12号、中村正直「西学一斑」、60M 明六 1874_12003,17450）

(14)では、日本語にも中国語にも liberty にあたる語はないとしながら、中国語における「自主之理」「任意行之権」という訳語が紹介されている（「馬礼遜（モリソン）」や「羅存徳（ロブシャイド）」は中国在留の学者の名前）。

以上のように、liberty には「自由」という訳語が試みられつつあったが、「自由」の旧来の意味とずれがあったことから、別の語で訳されることも多かった。「ロジック」の場合と同じく、訳語が定まっていなかったことが、音訳語「リバティー」の多用につながったのではないだろうか。

「リバティー」の使用は、『東洋学芸雑誌』に1件、『国民之友』では0件であり、これらの雑誌では「自由」が多用されていることから、明治10年代から20年ごろまでには「自由」がすっかり定着したのだと考えられる。なお、「自由」という訳語がどのようにして定着したかについては、進藤（1981）、柳父（1982）に詳しい研究がある。

3. 単位を表す外来語　次に、明治7～8年の段階では、高頻度外来語には全くあがってこず、時代が進むに連れて目立つようになってくる、単位を表す語について見ていこう。表7.2で『東洋学芸雑誌』と『国民之友』にあがる語を、『明六雑誌』で検索してみると、「ドル」「フラン」といった通貨の単位は、頻度は低いながらも使われているのに対して、「ページ」「メートル」「インチ」「グラム」「トン」「マイル」のような、冊子の紙、長さ、重さ、距離の単位は、全く使われていないことがわかる。前者の例と後者の例を一つずつあげよう

(「弗」は「ドル」と読み、「噸」は「トン」と読む)。

(15) 当今紙幣百弗の価は真貨七十餘弗に当る(明六雑誌34号、神田孝平「貨幣四録附言」、60M 明六 1875_34002,6460)

(16) 一篇凡て三十ページ内外なるべし(国民之友9号、末広鉄腸「現今の政事社会の抄録」、60M 国民 1887_09003,1620)

(17) 其船数も其噸数も他国船を圧凌するに拘らず(国民之友10号、「英独両国の日本貿易に於ける一斑」、60M 国民 1887_10012,360)

外国通貨の単位については、明治7〜8年ごろから使われていたものの、その頻度は高くなかったが、明治20年ごろには、それがよく使われるようになっていたのだと考えられる。一方、冊子の紙、長さ、重さ、距離の単位を表す外来語は、明治7〜8年ごろには使われていなかったが、明治20年ごろまでには頻繁に使われるようになった。単位を表す語は、抽象概念を表す語と違って、意訳されずに音訳語として取り入れるのが普通だった。

以上、明治期に進む、西洋言語からの語彙の借用の諸相を、明治前期の雑誌の高頻度語の調査によって把握した。

解説1 近代語彙の形成

1. 語種から見た日本語の歴史 日本語の語彙は、出自によって、和語、漢語、外来語、混種語の四つの語種に分類できる。これは、日本語が中国語や西洋言語に接触してきた歴史に由来するが、そのおおまかな流れは、次のようなものである。もともとは、和語だけだったところに、古墳時代以降、中国の社会制度や文化を、漢字・漢文で書かれた中国語を通して取り入れ、日本語を漢字・漢文を用いて書いてきた過程で、漢語が次第に増加していった。そこに、室町時代末期以降、西洋語からの外来語が加わるようになった。江戸時代末期以後、西洋の社会制度や、文化、科学技術を本格的に取り入れるようになったが、西洋語を借用する際、漢語で意訳する方法と、音訳して外来語として取り入れる方法の二つを取った。このようにして、和語、漢語、外来語の順で、歴史的に積み重なって形成されてきたのが、日本語の語彙である。混種語は、それらのうち二つ以上が組み合わさって1語になったものである。

以上のような語種の歴史を、自立語の異なり語数の構成比率によって示すと、

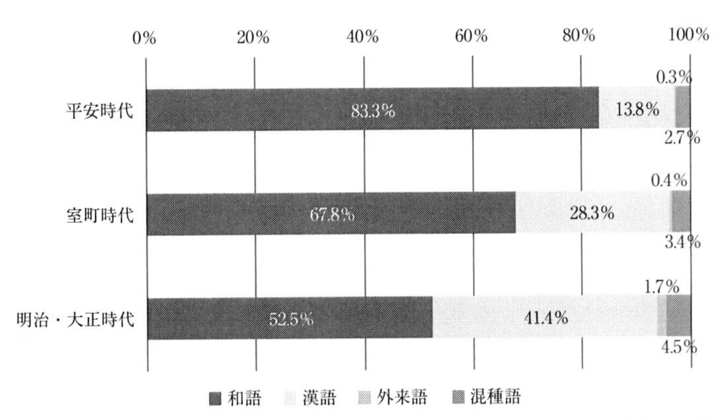

図 7.2　『日本語歴史コーパス』による自立語の語種構成比率の推移（異なり語数）

図 7.2 のようになる。自立語に限るのは、高頻度の付属語のほとんどは和語であり、そこに時代差があまりないことによる。図 7.2 を見ると、時代が進むにつれて漢語が増加し、そのぶん和語が減少していくことがわかる。外来語は室町時代まではごくわずかだったのが、明治・大正時代に少し多くなっていることや、混種語も時代を追って増加傾向にあることがわかる。なお、語種の構成比率の集計の具体的手順は、付録 8.4（p. 171）および「語種構成比率の変遷の調査方法」web を参照のこと。

コラム 1

文体差を考慮した語種構成比率の時代間比較

図 7.2 のデータは、『日本語歴史コーパス』の『平安時代編』、『室町時代編 I 狂言』、『明治・大正編 I 雑誌』に基づいて作成したものである。平安と室町はそれぞれの全作品を対象にしたが、明治・大正はコーパスに付与されたジャンルや文体の情報をもとに、口語体で書かれた文学ジャンルの記事のみを対象にした。このような処理をするのは、平安時代や室町時代と、明治・大正時代とでは、同じ『日本語歴史コーパス』でも、文体やジャンルが大きく異なっているためである。『平安時代編』は、物語や日記・随筆などからなり、『室町時代編 I 狂言』は、狂言台本であり、いずれも口語体で書かれた文学作品という共通の性質を持っている。一方、『明治・大正編 I 雑誌』が対象とする雑誌には、文語体の記事や、文学作品以外の記事も、多く含まれているため、そこから、口語体の文学作品の記事だけを取り出すことで、『平安時代編』『室町時代編』と比

較できるようにしたものである。平安の物語・日記・随筆、室町の狂言、そして明治・大正の文学作品との間にも、文体の差異はあるが、各時代の文語体の資料との間にある文体の差異に比べれば、類似性が高いと考えられる。『日本語歴史コーパス』における、口語体の資料と文語体の資料については、第1章の「3.3 文体史の展開と『日本語歴史コーパス』」(p. 5)も参照してほしい。

また、図7.2によれば、日本語が西洋言語と出会う前の平安時代にも外来語が見られることになっていて、不審に思われるかもしれない。これは、『日本語歴史コーパス』が、漢語を通して日本語に取り入れられた梵語(仏教の経典に用いられた古代インド語。「ダルマ」など)を外来語と扱っていることによるものである。

2. 音訳から意訳へ 1で述べたことは、日本語の語彙の歴史を俯瞰した際に見て取れる、大きな流れであるが、明治時代に焦点を合わせて細部を見ると、比較的短い期間で、語種に関する重要な流れが、いくつか存在する。

一つは、**導入**や**例題1**で取り上げた、西洋語の語彙を取り入れる際、外来語に音訳するか、漢語に意訳するかに、歴史的な事情があることである。例えば、baseballやlogicには、それぞれが日本に取り入れられ始めた明治中期や明治初期には、適切な訳語がなく、音訳されて、外来語として用いられることが多かったが、やがて、新しい漢語「野球」や「論理」「論理学」が訳語として試みられ、定着していった。また、libertyは、明治初期から「自由」と訳されることが多かった一方で、この漢語の旧来の意味である〈勝手気まま〉と、libertyの意味とがずれていることで、抵抗感も感じられ、音訳されて外来語が用いられることも多かった。ところが、明治中期までには、外来語は用いられなくなり、「自由」がすっかり定着するに至ったという事情である。

明治時代には、西洋語の借用において、音訳(外来語)から意訳(漢語)へという流れがあったと見ることができ、この流れは、翻訳の試行錯誤から特定の訳語の定着へという過程が、個々の語においてあったということを意味していよう。この問題については、柳父(1982)、森岡(1969)、齋藤(2005)、佐藤(2013)、飛田(2019)などが参考になる。

3. 漢語の減少とその背景 明治時代における、語種に関する重要な流れとして、もう一つ、漢語の減少を指摘することができる。今野(2014)が「幕末頃までに形成されていた和語と漢語の結びつき、すなわち「和漢」に、「洋」が導き入れられて「和漢＋洋」となった。「和漢＋洋」の状態はさらに進んで「和漢洋」となったが、そこから「漢字・漢語」をはずしていくような方向に「流れ」が向かった」と述べる流れである。今野のいう「洋」とは外来語のことである。このことを『明治・大正編 I 雑誌』で見ていこう。

図7.3は、『明六雑誌』(1874・1875（明治7・8）年)、『国民之友』(1887・1888（明治20・21）年)、『太陽』(1895（明治28）年、1901（明治34）年、1909（明治42）年、1917（大正6）年、1925（大正14）年）について、異なり語数で語種構成比率を示したものである。この図から、漢語が減少し、そのぶん和語が増加していく傾向がはっきりと読み取れる。図7.2で見た、明治時代になるまで増加し続けた漢語が、明治時代に入って減少に転じるわけである。なぜこのような傾向の転換が生じたのだろうか。

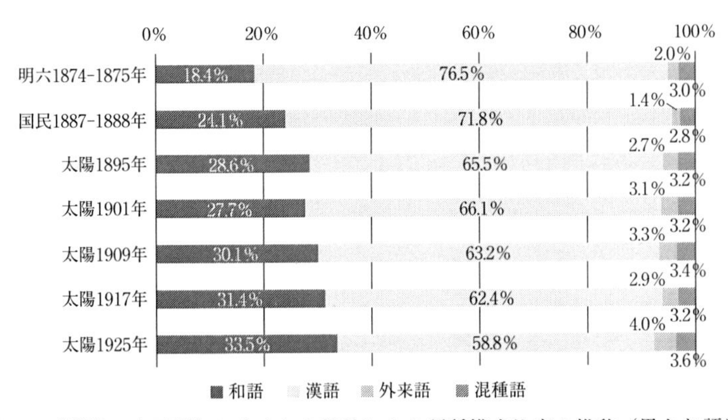

図7.3　『明治・大正編』に含まれる雑誌による語種構成比率の推移（異なり語数）

この転換の背景にある事情として、次のようなことが指摘できよう。近代化以前の書き言葉は、一部の知識層だけが読み書きできればよかったが、近代の書き言葉には、国民国家の基盤となるような、誰にとっても読みやすく書きやすい書き言葉が必要とされたという事情である。使用される漢字の減少や言文一致に象徴されるような変化である（→**コラム2**参照)。その変化のために、難しい漢字で書かれる漢語や、生硬な漢語は次第に減少していったのである。各年次がほぼ同じ分量に揃えられている『太陽』のデータで、頻度の減少がとらえられる漢語をいくつかあげると、表7.3の通りである。

表 7.3 雑誌『太陽』で頻度が減少する漢語の例

雑誌名・刊行年	忠義	枢要	燦爛	爛漫	屹立	囲繞
『太陽』1895(明治 28)年	39	21	23	20	17	8
『太陽』1901(明治 34)年	17	16	12	11	9	10
『太陽』1909(明治 42)年	24	15	8	6	6	8
『太陽』1917(大正 6)年	7	9	5	2	1	6
『太陽』1925(大正 14)年	3	7	7	6	3	3
計	90	68	55	45	36	35

演習 1

1. 「テニス」と「庭球」、「ハンカチ」と「手巾」、「ホーム」と「家庭」など、西洋言語からの語彙の借用において、音訳と意訳がともに行われたものについて、音訳語と意訳語の使用状況を調べ、訳語の変遷を考察してみよう。
2. 表 7.2 に掲げた『明六雑誌』でよく使われる高頻度外来語で抽象的な意味を表す、「パッション」「モラル」などについて、『明六雑誌』『東洋学芸雑誌』『国民之友』で、その用例を観察してみよう。また、その意訳にあたる漢語、「感情」「情」「欲情」、「倫理」「道徳」などの用例も観察し、明治前期の西洋語の取り入れについて、考えを深めよう。

発展 1

1. 表 7.3 に掲げた、雑誌『太陽』で頻度が減少していく漢語について、それぞれの語が減少していく事情を考えてみよう。
2. 『明治・大正編 I 雑誌』に収録される、『太陽』『女学雑誌』『女学世界』『婦人倶楽部』を用いて、明治時代後期から大正時代にかけて、頻度が増加する外来語を見出そう。見出した外来語について、日本語に定着していく背景について、考えてみよう。

例題 2

「敏感」という語がいつから使われ始め、いつごろ定着したか調べよう。また、この語の意味の変化や、対義語「鈍感」や類義語「鋭敏」との関係についても調べてみよう。

■ データ作成の手順

検索対象を『日本語歴史コーパス』全体として、「短単位検索」で、キーに、語彙素「敏感」を入力して検索し、ダウンロードする。「鈍感」「鋭敏」も同様に検索し、ダウンロードする。得られたデータを一つのExcelシートにまとめ、ピボットテーブルで成立年別の頻度表を作成すると、表7.4ができる。

表7.4　「敏感」「鈍感」「鋭敏」の頻度

成立年	敏感	鈍感	鋭敏
1874年			2
1875年			1
1882年			2
1887年			3
1888年			8
1894年			1
1895年		1	23
1901年			12
1909年	1		19
1917年	5	4	8
1925年	32	7	35
総計	38	12	114

■ 考　察

1．「敏感」の登場と意味　表7.4のように、『日本語歴史コーパス』に「敏感」が初めて現れるのは、1909年で、この年は次の1件のみが使われている。

(18)　然うだ父は創業者だ、先駆者だ、革新者だ。が、父は果して何に成効したらう。かう寛三は考へ直して、彼は失望せざるを得なかつた。敏感な、そして発動的な、それで居て意志の弱い、自己に対して遠き慮りのない不遇な父の生涯が、まざまざと眼前に見える。（太陽1909年11号、相馬御風「漂泊」、60M太陽1909_11034,65440）

父の生涯を振り返って、父が「敏感」であることをいっている。一見、現代語の「敏感」と同じ意味のように思われるかもしれない。しかしながら、現代語の「敏感」は、「物事をするどく感じ取るようす」（『学研現代新国語辞典改訂第6版』、2017年）のように、感じ取る様子をいうが、上記の1909年の例は、父という人間の性質をいっており、その意味は異なっている。ところが1925年には、次のように、何かをするどく感じ取る様子をいう例が多くなる。

(19)　現代日本の実業家は、もつと政治に敏感であつてほしいと思ふ。（太陽1925年12号、床次竹二郎「現政局に対する感想」、60M太陽1925_12004,30710）

このように、「敏感」は、はじめ、人の性質をいっていたが、感じ取る様子をいうように意味が変わった。1917年から1925年にかけて頻度が増加し定着していく過程で、意味が変化したと考えられる。

2. 対義語「鈍感」との関係 表7.4によると、対義語「鈍感」は、1895年から見られるが、(20)のように、「鈍漢」と表記されている（1917年の4件中1件も「鈍漢」と表記)。

(20) 唯余の如き鈍漢が帰るとも此人と一途に行たなどと告口をすると例の御褒美が出るぞと睨み付け（太陽1895年1号、饗庭篁村「従軍人夫」、60M 太陽1895_01019,99130)

『日本国語大辞典第二版』で「鈍感」を引くと、補注に「現在では「敏感」の対立概念として「鈍感」と書くが、明治以前は「鈍漢」と表記された（「漢」は「人」の意)」と説明されている。「鈍感」も、もとは、人間の性質をいう言葉で、表記もその意味に合致したものであったが、やがて、(21)のように、感じ取れない様子をいう意味に変化したと考えられる。

(21) 地震の災厄を受けた日が段々遠ざかつて來りますと、次第に鈍感になる筈であります。(太陽1925年2号、今村明恒「耐震論」、60M 太陽1925_02017,117830)

「敏感」と同じく、対義語の「鈍感」も、1917年から1925年に頻度が増加し、それとともに意味が変化していったのである。同じ時期に、対義語同士が同じ方向へと意味を変えながら、定着していったと見ることができる。

3. 類義語「鋭敏」との関係 表7.4によると、類義語「鋭敏」は、1874年が初出で、「敏感」「鈍感」よりもかなり早くから使われていることがわかる。『日本国語大辞典第二版』を引くと、この語は、すでに江戸時代から使われていたことが確認できる。本書第1章で述べたように、『日本語歴史コーパス』は、江戸時代以前に文語体の資料があまり入っていないために、江戸時代以前からある漢語の変遷を調べるには、不十分であることを示す事実である。

『明治・大正編』における、「鋭敏」と「敏感」の用例を比較すると、(22)(23)のようによく似た文脈で使われることが多く、類義性が高いと考えられる。

(22) 算盤上の勘定に鋭敏なる米国商人は、(国民之友23号、「日本と米国」、60M 国民1888_23002,2650)

(23) 野田氏も大黒柱の役をつとめ得るが、何分利害に敏感と見える。(太陽

1925 年 7 号、三宅雪嶺「新に大臣になつた野田と岡崎」、60M 太陽 1925_07014,9710）

一方で、(24)(25) の 2 例に示すような「神経」「喉」「頭の働き」といった、感じ取る部位を問題にするのは「鋭敏」に特徴的で、「敏感」は、(26) のように、特定の部位で感じ取るのではなく、感じる主体の身体や心の全体で感じ取る文脈で使われる。

(24)　恐ろしく神経が鋭敏（太陽 1909 年 14 号、真山成果「一室内」、60M 太陽 1909_14030,154140）

(25)　一度は代議士候補を志す迄に成功したのは、その喉と共に、頭の働きの鋭敏に依るのである。（太陽 1925 年 3 号、南北遊客「浪界風聞録」、60M 太陽 1925_03065,17270）

(26)　詩人や思想家は神経質のものに多く、技術家でも、事業家でも神経質の人が成功するのである。それは凡人よりも敏感であるからであります。（婦人倶楽部 1925 年 6 号、氏家信「神経衰弱症患者への注意」、60M 婦倶 1925_06056,27540）

部分で感じ取る様子か、全体で感じ取る様子かという使い分けは、1925 年の例で顕著だが、この年は、表 7.4 によれば、「鋭敏」も「敏感」も頻度が大幅に増加する年である。新語「敏感」の定着においては、既存の「鋭敏」との間に類義語としての関係性が構築されたという事情があったのではないだろうか。

解説 2

解説 1 で述べた通り、日本語の語彙は、明治時代に、西洋言語からの借用と国民国家形成のための言語改革との二つを要因として、大きく変容する。それは、新しい外来語や漢語の創出と、難解な漢語の減少という二つの流れを生み出した。この二つの流れには、ともに漢語が関与している。漢語に焦点をあてて、明治時代の動向を言い換えれば、多くの種類の漢語を使っていたところから、限られた種類の漢語を使う方向への転換があったということになる。語彙の頻度から見れば、異なり語数が多く、低頻度の語が多かった状態から、異なり語数が少なく、高頻度の語が多い状態へと転換していくのである。

「敏感」のような新しい語が登場し定着していく背景には、その語だけの事情ではなく、対義語や類義語などとの関係性構築が力となったと考えられる。「敏感」が、登場した当初と定着する段階とで、意味が変化する背景には、必要とされる意味に変わっていくということや、関係の深い「鈍感」や「鋭敏」といった語彙が形成するネットワークの中に落ち着く場所を得て変化するということなどがあったと考えられる。語の定着や意味変化というできごとは、その語単独で起こるのではなく、ネットワークを構成する周辺の語との関係の中で生じるのである。なお、「敏感」の定着過程の詳細は、田中（2005）に記した。

語彙の変容の大きい明治時代において、個々の語の定着過程を見る際に、特に興味深いのは、漢語である。頻度を増加させ定着していく漢語の用例を、コーパスによって観察すると、その語に意味変化が起こっていることが多く、関連の深い周辺の語の頻度や用例を観察すると、当該の漢語と間に緊密な関係性を構築していく過程が見出だせることが多い。**演習2**に示す事例などで、語の定着過程を、実際に分析してみてほしい。

演習2

1. 「活躍」という語がいつから使われ始め、どのように頻度を増やしていくかを調べよう。また、その意味の変化について考えよう。類義語の「躍動」「活動」についても調べてみよう。
2. 「努力」という語がいつから使われ始めたか調べ、どのように頻度を増やしていくかを調べよう。また、その意味の変化を考えよう。類義の和語である「つとめる」との関係についても考察しよう。

発展2

明治時代の文章を読み、そこで使われている漢語で、現代における意味と異なるものを見出そう。その語の用例を『明治・大正編』を用いて分析し、どのようにして意味が変化したか考えよう。その際、その語の頻度の推移や、関連する語との関係も考慮しよう。

例題3

明治時代後期から大正時代にかけて、断定の助動詞が「なり」から「だ」へと交替していく過程をとらえよう。

■ データ作成の手順

『明治・大正編 I 雑誌』で、『太陽』全年次のコア・非コアを選択し、本文種別を「地の文ほか」と指定して検索対象とする。「短単位検索」で、①語彙素「なり」、品詞・大分類「助動詞」、活用型・小分類「文語助動詞-ナリ-断定」を指定して、検索する。同じく、②語彙素「だ」、品詞・大分類「助動詞」と指定して検索する。①②のいずれの検索も、検索結果の件数が10万件を超えるので、①は、1901年までと1909年以降との2回に分け、②は1909年までと1917年以降との2回に分け、それぞれの検索結果をダウンロードした後、一つのファイルにまとめる。年別の「なり」と「だ」の頻度を折れ線グラフに表すと、図7.4のようになる。

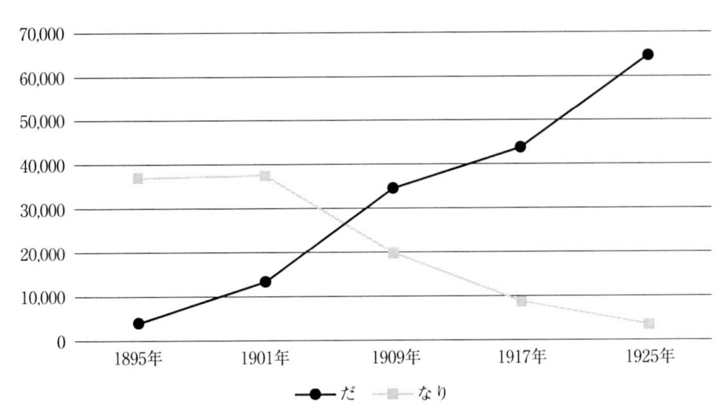

図 7.4 『太陽』における断定の助動詞「なり」と「だ」の年次別頻度

■ 考　察

図7.4のように、文語助動詞「なり」は次第に減少し、代わって口語助動詞「だ」が増加していく傾向が鮮明で、勢力交替の時点は、1901年と1909年の間であることがわかる。

「なり」から「だ」に交代していく過程を、具体的に観察する前に、各助動詞の活用形を整理しておこう。表7.5は、それぞれの語の活用表であるが、下線を付したように、連用形「に」は、「なり」と「だ」とで共通している。

(27)　斯くては政府当路者として餘りに無策無能たるの誹を免れぬ。(太陽

表 7.5　助動詞「なり」と「だ」の活用形

	未然	連用	終止	連体	已然	仮定	命令
なり	なら	なり に	なり	なる	なれ	—	なれ
だ	だろ	だっ で に	だ	な	—	なら	○

1917 年 2 号、浅田江村「最近の印象」、60M 太陽 1917_02002,33190)

(28)　怨言を言ふのは、餘りに虫が好過ぎるよ。(太陽 1917 年 3 号、前田蓮作「議会解散前後」、60M 太陽 1917_03002,75610)

『日本語歴史コーパス』においては、(27)のような文語体の用例では「なり」、(28)のような口語体の用例では「だ」と認定されていることが多いが、この二つの「に」は、実は同じ語である。

また、表 7.5 で囲みを付けたように、「なり」の未然形と「だ」の仮定形も、ともに「なら」という形で共通している。

(29)　若し是の如くならば其蝦夷人は最初何処よりして此に来りしや、(国民之友 2 号、高橋五郎「東京大学出版日本蝦夷関係一班略評」、60M 国民 1887_02018,33730)

(30)　これが普通の幕臣なら、カツと逆上（のぼせ）るに違ひない。(太陽 1925 年 12 号、国枝史郎「長篇小説　鼬つかひ (第四回)」、60M 太陽 1925_12065,41900)

これも、(29)のような文語体の例では「なり」、(30)のような口語体の例では「だ」と認定されていることが多いが、二つの「なら」は、やはり同じ語である。もっとも、仮定用法以外で用いられた「なら」(否定用法の「〜〜ならず」など) など、「だ」とは認定できず、「なり」であることが確実な例も多い。しかしながら、『日本語歴史コーパス』には用法を区分する情報は付与されていないため、多数の例を用法分類をして集計することは困難である。

そこで、「だ」であるか「なり」であるかの判別が難しい、「に」と「なら」の語形を取る例を除外し、「だ」であることが確実な語形について、年別にその頻度を集計すると、表 7.6 のようになる。表 7.5 に掲げた五つの語形のほか、

表7.6　『太陽』1895〜1925年の助動詞「だ」の活用形別の頻度

活用形	1895年	1901年	1909年	1917年	1925年	総計
未然形「だろ」	19	58	325	426	590	1,421
連用形「だっ」	3	12	77	324	831	1,247
連用形「で」	2,484	7,968	19,749	24,512	35,475	90,416
連用形融合形「ぢゃ」	5	3	62	215	121	406
終止形「だ」	125	840	3,074	2,084	5,102	11,258
連体形「な」	457	1,119	3,880	5,589	9,160	20,293

「では」において後接する助詞「は」と融合した形「ぢゃ」もあわせて掲げる。

表7.6から、どの活用形においても、年次が進むにつれて増加していく傾向が明確にとらえられ、全年を通じて、連用形「で」が特に多いことがわかる。

解説3

1.　文語体と口語体から言文一致へ　一般に、日本語を、昔の言葉（古典語）か今の言葉（現代語）かで二分するとき、江戸時代以前と明治時代以降に分けることが、よく行われる。もう少し細かく見て、文学者によって言文一致運動が展開された19世紀末（明治20年代）の前後で分けることもある。これは、高等学校などの国語教育で、古文と現代文の境目を設定する見方でもある。

鎌倉時代以降江戸時代までの文語体の文章は、第1章で記したように、平安時代末期に成立した和漢混淆文の系統か、平安時代の和文を範とする擬古文の系統かのいずれかであるが、その実際の文体は多様性に富んでいた。一方、口語体の文章にも、室町時代の狂言、キリシタン資料、抄物や、江戸時代の洒落本、人情本など、多様なものがあったが、文語体の文章に比べると、書かれる内容・目的・読者などが限定されたところがあった。それが、明治時代になると、様々な立場の人にとって読み書きしやすく、多様な場で通用する新しい口語体をつくる、「言文一致運動」と呼ばれる動きが生まれた。言文一致運動は、明治20年ごろから本格化した文学者によるものが有名だが（→**コラム2**）、明治初期から継続的に展開された、啓蒙家によるものも重要である。

明治時代の啓蒙家による言文一致運動に連なる最初の出来事は、前島密（ひそか）が、徳川幕府の将軍徳川慶喜（よしのぶ）に「漢字御廃止之議」を建白したことである（1866年）。これは、漢字をやめて仮名で書くことによって、言文一致が進み、わかりやすい書き言葉ができることを主張するものだった。続いて、『明六雑誌』の創刊号（『明治・大正編 I 雑誌』に収録）の巻頭に西周が書いた「洋字を以て国語を書するの論」(1874年）も、ローマ字で書くことによって、日本語の書き言葉がわかりやすくなることを主張したものである。こうした主張を実行する動きとして、前島が、仮名書きの新聞『まいにちひらがなしんぶんし』(1873年）を発行したり、西が、問答のスタイルで『百一新論』(1874年、『明治・大正編 III 明治初期口語資料』に収録）を書いたりしているものの、啓蒙家たちが通常書く文章のほとんどは、依然として文語体であった。新しい口語体をつくることは容易なことではなかったと考えられる。

2. 「で」に後接する語、「である」に後接する語　新しい口語体への動きを、**例題3**で作成した、口語助動詞「だ」の連用形「で」のデータを用いて、具体的に分析してみよう。先のデータで、「で」に後接する語を観察すると、「ある」が非常に多い。すなわち、「である」という形を取ることが多いわけだが、この「である」は、「だ」とともに、言文一致運動を経て、日本語の文末辞としてもっとも一般的なものとして確立した、「である」体といわれる文体の柱となる形式である。もう一つの一般的文体である「だ」体は、助動詞「だ」の終止形によるものだが、その頻度よりも、「である」の頻度は、かなり高い。

表7.7は、「である」に後接する形式を、『太陽』の刊行年別にまとめたものである。これによれば、当初、1895年は「ます」が後接することがもっとも多かったのが、1901年から句読点が後接することがもっとも多くなり、1909年にはそれがいちだんと増加し、「ます」に続くことは少なくなることがわかる。このことは、1895年は「であります」が多かったのが、1901年から「である。」「であり、」が多くなり、1909年にその傾向が一層顕著になるということを意味

表7.7　『太陽』における「である」の後接語

後接語	1895年	1901年	1909年	1917年	1925年	総計
句読点	319	1,977	7,311	9,238	13,379	32,227
た	67	473	966	2,060	3,116	6,689
が	22	265	899	1,135	1,730	4,052
て	33	255	664	863	1,404	3,221
と	128	234	809	840	1,171	3,186
から	37	324	694	592	928	2,575
ます	589	831	270	53	333	2,136
か	52	99	274	288	373	1,088

している。つまり、19世紀から20世紀に変わるころ、「でありります体」から「である体」へという方向での勢力交代があったわけである。

3.「であります」と「である」　『太陽』の1895年における、「であります」と「である。」「であり、」の状況を観察してみよう。表7.8は、**例題3**で作成したデータをもとに、「である」に後接する語が、「ます」か句読点であるものを集計し、「ます」の比率が高い順（つまり「であります」の比率が高い順）に記事を並べ替えたものである。その際、複数の号に分載された記事は一つにまとめ、「ます」または句読点が後接する例が10件以上ある記事を対象にした。

表7.8から、「であります」か「である」のいずれかを専用する記事よりも、両者を交用する記事の方が多いことがわかる。そして、両者を交用する記事では、「である」よりも「であります」の方が優勢な記事が多いこともわかる。そうした記事では、少数派の「である」は、(31)のように、著者の思いが強く表れる部分に出現する傾向がある。

表7.8　『太陽』1895年の記事における「である」に後接する「ます」と句読点

演説	著者	記事名	ます	句読点	総計	「ます」の比率
	松本操貞	国楽改良意見	78	0	78	100.0%
	三島通良	家庭に於ける第一義	21	0	21	100.0%
○	若山由五郎	冶金法の選定に就て	26	1	27	96.3%
○	板垣退助	身を以て社会に処する事に就ての意見。国を以て外国に処する事に就ての意見	50	2	52	96.2%
○	井上哲次郎	戦争後の学術	72	4	76	94.7%
○	上田万年	国語研究に就て	48	4	52	92.3%
○	大鳥圭介	日清教育の比較	34	6	40	85.0%
○	金子堅太郎	日本人種の特性	42	8	50	84.0%
○	坪井九馬三	史学と類似学科との区別	66	21	87	75.9%
○	和田垣謙三	青年	48	25	73	65.8%
○	渋沢栄一	戦後の海運拡張の方針及程度	20	12	32	62.5%
○	黒川真頼	仏教と美術との関係	51	42	93	54.8%
○	牧野伸顕	樹栽日に就て	7	6	13	53.8%
○	谷干城	足兵足食民信之矣	9	39	48	18.8%
○	加藤弘之	遺伝応化の理によりて学問奨励の方法を論ず	2	15	17	11.8%
○	田口卯吉	歴史は科学に非ず	2	24	26	7.7%
○	手島精一	工業教育	0	41	41	0.0%
	江見水蔭	朝顔	0	16	16	0.0%
	巌谷小波	対月独語	0	15	15	0.0%
	窓下几上生	新聞小説	0	11	11	0.0%

(31) 此等の人たちの目より見れば、ごく自然な、ごくたやすく覚えらるゝ、従てだれにも直にわかる様な、言葉並に文体が甚だ必用であるのである。(太陽1895年1号、上田万年「国語研究に就て」、60M太陽1895_01007,55730)

聞き手である聴衆への敬意を表す「ます」を付与することを通常としながら、聞き手への敬意よりも自身の思いを強く表出したい場合は「ます」を付けない形式を選択したのだと考えられる。つまり、「であります」と「である」は、使い分けられているのである。

表7.8の1列目の「演説」の欄に○が記されているのは、その記事が、演説の記録であったり、掲載される欄名が「演説」であったりして、演説をもとにした記事であることが、誌上に明記されてあることを示す。「であります」と「である」が交用されているものが、すべて演説をもとにした記事であることは、演説で話す中で、二つの形式が使い分けられていたことを思わせる。そして、「である」にしろ「であります」にしろ、演説の場で鍛えられた表現形式が、次第に書き言葉に持ち込まれていったことを思わせる。「であります」体を経て「である」体が確立していく背景には、演説という場があったと考えられる。『太陽』における口語体の文章を、演説の観点から分析したものに、田中(2013)の第2章がある。また、近代における演説の日本語の分析方法は、大正時代以降の演説を対象としたものであるが、相澤・金澤(2016)が参考になる。

コラム2

文学者による言文一致運動

文学者による言文一致運動は、啓蒙家たちによるそれよりも遅れて、明治20年ごろから活発化する。文学者が、言文一致に向かった背景として、西洋文学における優れた口語体小説に触れたこと、その原文の息づかいを日本語に翻訳する際に、話し言葉の要素を使うことを試みたことなどを指摘することができる。

『明治・大正編 I 雑誌』に収録する『国民之友』には、ツルゲーネフのロシア語の原著を、二葉亭四迷が訳した「あひびき」が掲載されているが、そこには、『国民之友』のほかの記事には一件もない、地の文の文末に「だ」が使われている例を指摘することができる。

(32) 鳩が幾羽ともなく群をなして勢込んで穀倉の方から飛んで來たが、フト柱を建てたやうに舞ひ昇ツて、さてパツと一齊に野面に散ツた——ア、秋だ！誰だか禿山の向うを通ると見えて、から車の音が虚空に響きわたツた………（国民之友 27 号、二葉亭四迷（訳）「あひびき」、60M 国民 1888_27007,37060）

このような「だ」体は、演説に基盤を置いた口語体書き言葉には用いられないもので、『太陽』の 1895（明治 28）年でも、例はまだきわめて少ない。二葉亭四迷は、明治 20 年ごろの自らの小説にも、次のように「だ」体を積極的に採用している。

（33）　とは云うものの心持は未だ事実でない。事実から出た心持で無ければウカとは信を措き難い。依て今までのお勢の挙動を憶出して熟思審察して見るに、さらにそんな気色は見えない。成程お勢はまだ若い、血気も未だ定らない、志操も或いは根強く有るまい。が、栴檀は二葉から馨ばしく、蛇は一寸にして人を呑む気が有る。文三の眼より見る時はお勢は所謂女豪の萌芽えだ。（二葉亭四迷『浮雲』1887～1889 年、『日本語歴史コーパス』非収録）

引用部分の末尾で「だ」による言い切りをしているほか、その前の部分でも、形容詞や動詞、助動詞の言い切りの形を多く用い、言い切りを重ねることで新しい文体を創出していると見ることができる。二葉亭と同じ時期に言文一致小説を書いた山田美妙は、次のように、体言止めや連体形止めを行って、言い切らないことを特徴としている。また、敬体の「です」を用いているところも、二葉亭が常体を使っているのとは異なる、独特の文体である。

（34）　さてもさても無情な世の中。花が散ツた跡で風を怨ませるとは何事です。月が入ツた後に匿した雲を悪ませるとは、ても、無残な。風は空の根方と共に冴亙ツてやゝ紅葉に為ツた出の崖に錦繡の波を打たせて居る秋の頃、薄い衣を身に纏ツて其辺を托鉢して居る尼の様、面影はやつれても変りません、前の哀れな蝴蝶です。（山田美妙『蝴蝶』1889 年、『日本語歴史コーパス』非収録）

新しい口語体書き言葉を創出する、この二人の文学者の試みの意義については、野村（2013）第 II 部第 2 章・第 3 章に研究がある。

演習3

1. 過去や完了の助動詞は、文語助動詞に「き」「けり」「つ」「ぬ」「たり」「り」があるのに対して、口語助動詞の単独形式は「た」に限られる。これら、過去・完了の文語助動詞・口語助動詞が、『明治・大正編 I 雑誌』でどのように交代するか調べてみよう。
2. 『明治・大正編 I 雑誌』に収録される『国民之友』を対象に、「である」の後接語を調査し、『太陽』以前の「であります」体と「である」体の実態をとらえよう。

発展3

1. 『明治・大正編 I 雑誌』に収録される明治時代の雑誌を対象に、助動詞「です」を検索し、明治時代の「です」体の推移について観察してみよう。
2. 口語体の形式「のようだ」と「みたいだ」を、『明治・大正編 I 雑誌』を対象に検索し、明治時代から大正時代にかけて、それが、口語体書き言葉の中でどのように使われたか調べてみよう(「みたいだ」には「みたようだ」という古形もあるので、一緒に調べてみよう)。同じく、「てしまう」と「ちゃう」についても調べてみよう。

参考文献

相澤正夫・金澤裕之(編)(2016)『SP 盤演説レコードがひらく日本語研究』、笠間書院
国立国語研究所(編)(2005)『雑誌「太陽」による確立期現代語の研究』、博文館新社
今野真二(2014)『日本語の近代―はずされた漢語―』、ちくま新書
斎藤毅(2005)『明治のことば』、講談社学術文庫
佐藤亨(2013)『現代に生きる日本語漢語の成立と展開―共有と創生―』、明治書院
進藤咲子(1981)『明治時代語の研究―語彙と文章―』、明治書院
田中牧郎(2005)「「敏感」の誕生と定着―『太陽コーパス』を用いて―」、近代語研究会(編)『日本近代語研究 4』、ひつじ書房
田中牧郎(2013)『近代書き言葉はこうしてできた』、岩波書店
野村剛史(2013)『日本語スタンダードの歴史』、岩波書店
飛田良文(編)(2004)『国語論究 11 言文一致運動』、明治書院
飛田良文(2019)『明治生まれの日本語』、角川ソフィア文庫
森岡健二(1969)『近代語の成立―明治期語彙編―』、明治書院
森岡健二(1991)『近代語の成立―文体編―』、明治書院
柳父章(1982)『翻訳語成立事情』、岩波新書
山本正秀(1965)『近代文体発生の史的研究』、岩波書店

付　録
『日本語歴史コーパス』利用の基礎

田中牧郎

1．『日本語歴史コーパス』と「中納言」

日本語の歴史を研究する資料として、本書で扱っている国立国語研究所編『日本語歴史コーパス』を利用するための基礎的なことがらを、解説したい。このコーパスの特徴や利用方法は、第１章で簡略に説明し、第２章以下の例題や解説で、具体的な調査課題に即して、繰り返し述べてきた。ここでは、それらをできるだけ体系的に説明していく。なお、開発者が提供している公式の解説ページ（https://pj.ninjal.ac.jp/corpus_center/chj/）も、参照してほしい。

『日本語歴史コーパス』は、国立国語研究所から提供されるコーパスを利用するためのコンコーダンサー「中納言」によって利用することになる。コンコーダンサーとは、文献中のある語句を検索すると、ヒットした語句を中心とした前後文脈と、その例の出典情報とを一覧表示する（この一覧のことを「コンコーダンス」という）ツールのことである。この「中納言」の枠組みから、『日本語歴史コーパス』の構造や特徴を見ていくことが、このコーパスを理解する近道になる。

「中納言」のサイト（https://chunagon.ninjal.ac.jp）から『日本語歴史コーパス』の利用登録を済ませ、そのサイトにアクセスすると、ログイン画面が表示される。登録時に設定したメールアドレスとパスワードを入力してログインし、コーパス選択画面で『日本語歴史コーパス』を選択すると、図１の画面が表示される。画面上方にある「キー」の下の窓に検索したい語句を入力して、画面中央やや右寄りの「検索」ボタンを押すのが、基本的な使い方である。画面中央左寄りの「検索対象」「検索動作」や、画面下方の「列の表示」の部分を、検索前にカスタマイズすることで、調査目的に応じて、取得したい情報を限定したり拡張したりできる。以下、「検索対象」（2）、「キー」（3）、「検索動作」（4）、「列の表示」（5）の順に、そこで指定できる情報を見ていくことで、コーパスの構造と基本的な操作法を説明していく。

図 1 「中納言」で『日本語歴史コーパス』を起動した画面

2. 検索対象

図 1 の画面で中央左寄りの「検索対象」のところにある選択ボタンをクリックすると、『日本語歴史コーパス』に含まれる文献資料が、シリーズ別に表示され、時代や文献などを選択できる画面が現れる。図 2 は、その冒頭から『平安時代編』までの部分である。

各時代にどのような文献が含まれているかは、第 1 章を参照してほしい。図 2 のように『万葉集』や『源氏物語』のような大部な文献は、巻単位で選択できるようになっている。図の範囲外では、『明治・大正編』の雑誌の一部では刊行年別、同じく教科書では学年別などでも選択できるようになっている。また、文献中で、歌の部分、会話の部分などのように、検索対象の本文を限定したい場合は、「本文種別」を選択することもできる。これも図の範囲外であるが、同一文献の中に文語体の文章と口語体の文章が混在している、『明治・大正編』では、「文体」を選択することもできる。いずれの情報もいくつでも選択することができる。

図 2 には、『奈良時代編』、『平安時代編』ともに「コア」「非コア」を選択する部分も見えている。『奈良時代編』と『平安時代編』、そして『室町時代編』は、すべての文献の全サンプルが「コア」であるため、「非コア」は選択できないが、『鎌倉時代編』、『江戸時代編』、『明治・大正編』には、「コア」「非コア」の両方が存在する。その区別は、次節で述べる形態論情報の質に基づく。コーパスに付与されている、語彙素、品詞、活用形などの形態論情報は、機械処理による自動付与の後、人手で修正するという過程で作成されているが、「コア」とは、その人手修正を精度が 100% 近くに

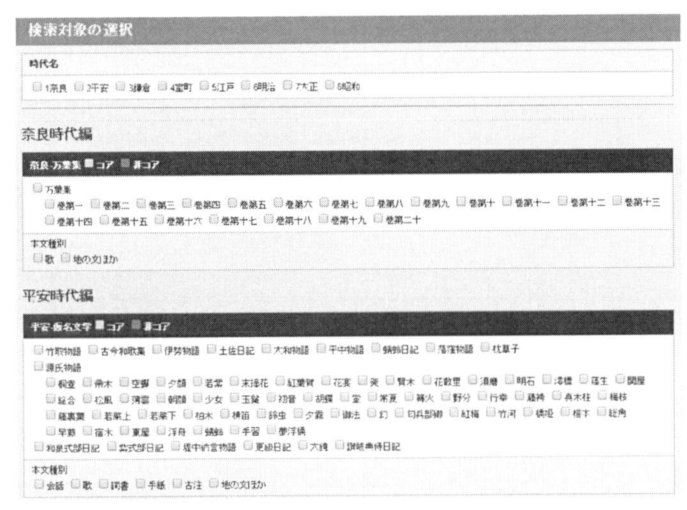

図2　検索対象の選択画面の一部

なるまで繰り返し行ってあるデータ群のこと、「非コア」は、人手修正を一定程度までしか行っておらず、高精度とはいえないデータ群のことである。正確なデータが必要な場合はコアに限定し、広い範囲から用例を検索したい場合や、まとまったデータ量が必要な場合は、非コアも含めて利用する。

なお、短い文献は全体で一つのサンプルと扱われ、長い文献はいくつかのサンプルに分けられている。各サンプルには、例えば「10-万葉 0759_00001」のような、サンプル ID が付与されており、最初の2桁の数字は時代（10：奈良、20：平安、30：鎌倉、40：室町、50：江戸、60：明治・大正など）、次の文字列は資料の略称、その後の4桁の数字は資料の成立年（西暦）、最後の5桁の数字は、当該資料内で出現順に付与された通し番号である。

コーパスに含まれている文献は、シリーズによって底本が異なっており、『新編日本古典文学全集』のように原本にかなり手を入れた本文を底本にしているシリーズもあれば、当時の刊本から直接電子的な翻刻を行って本文を作成しているシリーズもある。シリーズ別の本文作成の概要は、第1章で少し述べたが、詳細な基準は『日本語歴史コーパス』のサイトで公開されている情報を参照してほしい。

3.　キー

3.1　検索方法

図1の上方には、「短単位検索」「長単位検索」「文字列検索」「位置検索」の四つの検索方法に対応したタブがある。このうち前三者が、キーに言葉を指定する検索であ

る。

「短単位検索」と「長単位検索」は、コーパスデータに付与されている、単語に関する種々の情報（「中納言」では「形態論情報」と呼ぶ）を用いて検索するものである。例えば「対面する」という語句は、短単位では「対面」と「する」に切られているが、長単位では「対面する」とまとめられている。したがって、名詞用法の「対面」や敬語用法の「御対面」などもまとめて検索したいときは「短単位検索」で「対面」を検索するのが適しており、動詞用法だけを検索したいときは「長単位検索」で「対面する」を検索するのが適している。こうした形態論情報をどのように指定し検索するかについては、**3.2** で説明する。

形態論情報を用いずに、コーパスの本文に書かれているままの文字列を検索するのが「文字列検索」で、検索したい言葉がどのような単位で切り出されているかわからない場合などに適している。例えば、「とんでもない」という語句を調べたい場合、この文字列を指定して検索し、得られた例（図 3）のサンプル ID をクリックすると、「詳細な文脈情報」（図 4）が示される。その情報から、短単位で、副詞「とんでも」と形容詞「無い」とに切られていることがわかる。その上で、「短単位検索」で「とんでも」に「無い」が続く例を検索することで、上述の「文字列検索」ではヒットしなかった「飛んでもない」「とんでもねえ」のような表記や語形の異なる例も含めて、「とんでもない」という語句の全例を網羅的に検索できるのである。

なお、「位置検索」は、キーにあたる語が、コーパス上のどの位置にあるかを指定して検索するもので、一度検索した例を再度参照したいときなどに適している。例えば、図 3 の例を再度検索したい場合は、そのサンプル ID と開始位置をカンマ区切りで、「60C 口語 _1869_01103,12930」のように並記して検索することになる。

サンプルID	開始位置	連番	コア	前文脈	キー	後文脈	語彙素読み	語彙素	語形	品詞
60C口語1869_01103	12930	9030	0	にぜいたくになつて来たといふのは。足下抔の心には。#とんでも	ない	奢侈の沙汰だ#と思ひなさろうが。決してそうではござらん。#即世が聞	ナイ	無い	ナイ	形容詞-非自立可能
				。おひ / \にぜいたくになつて来たといふのは。足下抔の心には。#とんでも	ない	奢侈の沙汰だ#と思ひなさろうが。決してそうではござらん。#即世が聞て参れば。斯なるのは自然の道理でござる。				

図 3　「文字列検索」で「とんでもない」を検索した結果得られた最初の例

明治・大正-初期口語	60C口語1869_01103	9020	0	とんでも	トンデモ	とんでも		副詞
明治・大正-初期口語	60C口語1869_01103	9030	0	ない	ナイ	無い		形容詞-非自立可能
明治・大正-初期口語	60C口語1869_01103	9040	0	奢侈	オゴリ	驕り		名詞-普通名詞-一般
明治・大正-初期口語	60C口語1869_01103	9050	0	の	ノ	の		助詞-格助詞
明治・大正-初期口語	60C口語1869_01103	9060	0	沙汰	サタ	沙汰		名詞-普通名詞-サ変可能
明治・大正-初期口語	60C口語1869_01103	9070	0	だ	ダ	だ		助動詞
明治・大正-初期口語	60C口語1869_01103	9080	0	と	ト	と		助詞-格助詞

図 4　図 3 に表示された例のサンプル ID をクリックして表示された詳細な文脈情報

3.2 形態論情報

形態論情報は、「遊ば」「遊び」「遊ぶ」「遊べ」「遊ぼ」「遊ん」といった活用形や音便形による違いや、「遊ぶ」「あそぶ」など表記の違い、「あすぶ」のような変異した形などをまとめて、「遊ぶ」という基本的な形でまとめて引くことができるようにデータが整えられている。このしくみにおける基本が「語彙素」「語彙素読み」である。

「短単位検索」や「長単位検索」の画面の「キー」の部分は、図1で「書字形出現形」とある部分のプルダウンメニューを開くと、11個の情報が選択できるようになっている。その概要をまとめると、表1のようになる。「あすんできたあ」(「遊んできた」の意味、52-洒落1787_01065,199060)の例に実際に付与された情報を、例として示した。

表1　「キー」で指定できる形態論情報

種類	説明	「あすんで」に付与された情報	指定方法
語彙素	見出しに相当するもの。漢字が当てられていることが多い。	遊ぶ	入力
語彙素読み	語彙素の読み。片仮名で示されている。	アソブ	片仮名で入力
書字形出現形	書かれた形そのまま。	あすん	入力
書字形	書かれた形のうち活用の変異を反映させない基本形	あすぶ	入力
語形	語の形の基本形。片仮名で示されている。	アスブ	片仮名で入力
語形代表表記	語の形の基本形の代表的な表記。漢字が当てられることが多い。	遊ぶ	入力
発音形出現形	発音した場合の形そのまま。	アスン	片仮名で入力
品詞	大分類、中分類、小分類の3階層で付けられている。	動詞-一般	選択式
活用型	活用する語について、大分類、中分類、小分類の3階層で付けられている。	五段-バ行	選択式
活用形	活用する語について、大分類、小分類の2階層で付けられている。	連用形-撥音便	選択式
語種	和語、漢語、外来語、混種語の4分類の語種情報のほか、固有名詞、記号もここに情報付与されている。	和	選択式

辞書の見出しに相当する「語彙素」または「語彙素読み」で検索することで、その語の用例が網羅的に検索できる。古語の場合でも、現代仮名遣い・現代語法で指定する。調べたい語が決まっている場合は、このいずれかまたは両方を用いるのが普通である。表記を指定して検索したい場合は、「書字形」「書字形出現形」が便利であり、語の形や発音した場合の形を指定する場合は「語形」「語形代表表記」「発音形出現形」を用いる。

「品詞」は、例にあげる動詞は、「動詞-一般」と「動詞-非自立可能」(「非自立可能」とは「出だす」「仕舞う」などほかの語と結合して付属語的に使うこともできるもののこと)の2階層2分類であるが、名詞の場合は、中分類が「普通名詞」と「固有名詞」に分かれ、さらに「固有名詞」の下位に、小分類「一般」「地名」「人名」があるなど、かなり細かく分類されているものもある。いずれも、プルダウンメニューから選択して指定できる。「品詞」による検索は、「語彙素」「語彙素読み」だけでは、語が一意に決まらない場合や、ある品詞の用例をまとめて抽出したい場合などに行う。

「活用型」は、「五段」「上一段」…「文語四段」「文語上二段」といった大分類の下位が「ア行」「カ行」などに分かれる中分類があり、そして「文語助動詞-タリ」など一部の助動詞について「完了」「断定」のように、小分類まで分けられている場合がある。また、「活用形」は、「未然形」「連用形」などの大分類と、「イ音便」「ウ音便」など特殊な形を指定する中分類とに分かれる場合がある。「活用型」「活用形」とも、プルダウンメニューから選択して指定する方式が採られており、やはり語の識別を行う必要のある場合や、特定の活用をする用例をまとめて抽出したい場合に使う。

「語種」も、プルダウンメニューからの選択方式が採られており、「外」（外来語）には、奈良時代から中国語を通して日本語に入った「梵語」（古代インド語）も含まれていることや、「固」（固有名詞）や「記号」という、日本語学的には語種とは別の情報もここに付与されていることに注意が必要である。

なお、形態論情報における、単位の区切り方や、品詞や活用の体系などは、シリーズ別に詳細に規則が定められており、その多くは、各シリーズの規程集として、解説ページで公開されている。用例を過不足なく検索し、検索結果を正しく集計し分析するには、これらの規程集を適宜参照することが望まれる。

3.3　複数単位の組み合わせ

キーに指定する情報は、その前後に続いている単位との組み合わせを指定して検索することもできる。図5は、「愛する」の前に格助詞「を」が付き、さらにその前に名詞が付いている例を検索する画面である。「前方共起条件の追加」「後方共起条件の

図5　名詞＋格助詞「を」+「愛する」を検索する画面

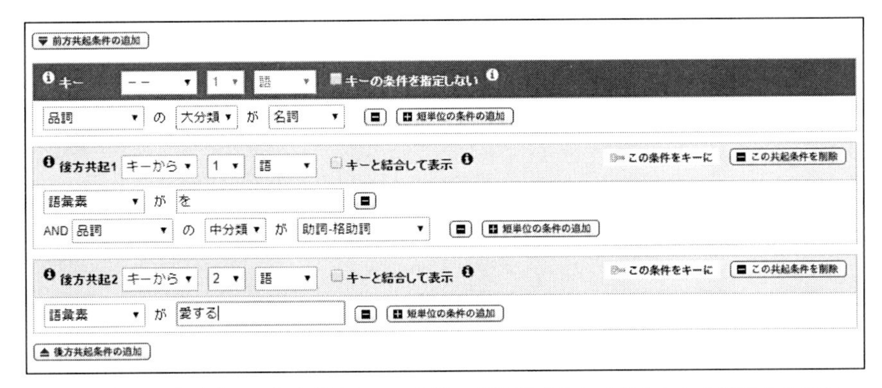

図 6　名詞で集計することを想定して、名詞＋格助詞「を」+「愛する」を検索する画面

<table>
<tr><th>サンプルID</th><th>開始位置</th><th>連番</th><th>コア</th><th>前文脈</th><th>キー</th><th>後文脈</th><th>語彙素読み</th><th>語彙素</th><th>語形</th><th>品詞</th></tr>
<tr><td rowspan="2">30-今昔1100_13043</td><td rowspan="2">2090</td><td rowspan="2">1450</td><td rowspan="2">0</td><td>。#遣水|など|可咲く|て|、|春秋|の|花|葉|など|面白し|。#　|而る|間|、|父母|此|の|</td><td>女子</td><td>|(を)|(愛し)|て|過ぐる|に|、|女子|花|に|目出|、|葉|を|興ずる|より|外|の|事|無し|。</td><td rowspan="2">オンナゴ</td><td rowspan="2">女子</td><td rowspan="2">オンナゴ</td><td rowspan="2">名詞-普通名詞-一般</td></tr>
<tr><td>其＿＿＿ヒ様々ニシテ尤モ興有リ。#遣水ナド可咲クテ、春秋ノ花葉ナド面白シ。#　而ル間、父母此ノ</td><td>女子</td><td>ヲ愛シテ過グルニ、女子花ニ目出、葉ヲ興ズルヨリ外ノ事無シ。</td></tr>
<tr><td rowspan="2">30-今昔1100_13043</td><td rowspan="2">4910</td><td rowspan="2">3640</td><td rowspan="2">0</td><td>落|たる|花|を|拾ひ|集|て|、|塗|たる|物|の|蓋|に|入|て|、|程|過る|まで|</td><td>匂</td><td>|(を)|(愛す)|。#風|吹く|日|は|、|木|の|下|に|畳|を|敷|て|、|花|を|外</td><td rowspan="2">ニオイ</td><td rowspan="2">匂い</td><td rowspan="2">ニオイ</td><td rowspan="2">名詞-普通名詞-一般</td></tr>
<tr><td>木ノ下ニ落タル花ヲ拾ヒ集テ、塗タル物ノ蓋ニ入テ、程ド過ルマデ</td><td>匂</td><td>ヲ愛ス。#風吹ク日ハ、木ノ下ニ畳ヲ敷テ、花ヲ外ニ散ズシテ取リ集メテ置ク</td></tr>
</table>

図 7　図 6 で検索した結果得られる画面（一部）

追加」の部分に書き入れていく形で利用する。この検索結果の用例を見ることで、「を」＋「愛する」の文脈上の特徴を観察することができるが、その「を」の前に付く名詞に着眼する場合は、図 6 のように、分析対象の名詞がキーになるように共起条件を指定することで（図 5 の状態で、「キーから 2 語」とある右方の「この条件をキーに」をクリックすることで、図 6 が得られる）、図 7 のような結果が得られ、ここで得られた「語彙素」を、後述する Excel で集計する方法を採ることで、「愛する」の対象になる名詞に着眼した意味分析を行うためのデータを得ることができる。

なお、「キーから n 語」という共起条件は、10 語まで指定でき、その範囲で「キーから n 語以内」という指定もできる。

4.　検索動作

図 1 の中央左寄りに、「検索動作」とある部分で指定できることについて説明する。まず、「文脈中の区切り記号」で、「短単位検索」、「長単位検索」それぞれにおいて、

単位の区切り記号をプルダウンメニューから選べるようになっており、分析に不要な場合は記号なしも選択できる。文の切れ目を示す「文区切り記号」も、同様である。「前後文脈の語数」は、10 語〜300 語の範囲で変更できる。そして、「共起条件の範囲」は、**3.3** に記した語の連接を調査する際に、キーから n 語以内の共起条件を、文境界をまたいでいるものも検索するか、それをまたがないもののみを検索するかが、選択できるようになっている。

5.　検索結果の列情報

図 1 の下方には「列の表示」という部分があり、検索結果で得られる情報の何を画面に表示させるかを選択できるようになっている。その表示可能な情報を整理したのが、表 2 である。「形態論情報」のうち、すでに表 1 に示したものは省略した。検索結果に表示される情報は取捨選択することになるが、後述する、検索結果をダウンロードしたデータには、すべての列の情報が取得されることになる。

6.　検索条件式による検索

「中納言」は、前節までで説明してきた、検索用の窓に、語句を入力したり条件を指定したりする「検索フォーム」で利用するのが一般的であるが、図 1 の上方右寄りに「検索フォームで検索」の右隣にある、「検索条件式で検索」で開く画面上で、利用者が自ら式を書いて検索することもできる。この検索条件式による検索を行う場合、その右隣にある「履歴で検索」を開いたところに記録されている過去の検索条件式を用いると便利である。検索フォームから、「短単位検索」、「長単位検索」で入力したり指定したりした内容が、検索条件式の形式で、自動的に記録されているからである（図 8）。利用したい式の右の「編集して検索」をクリックすることで、その式に編集を加えて、新たな検索式で検索することができる。

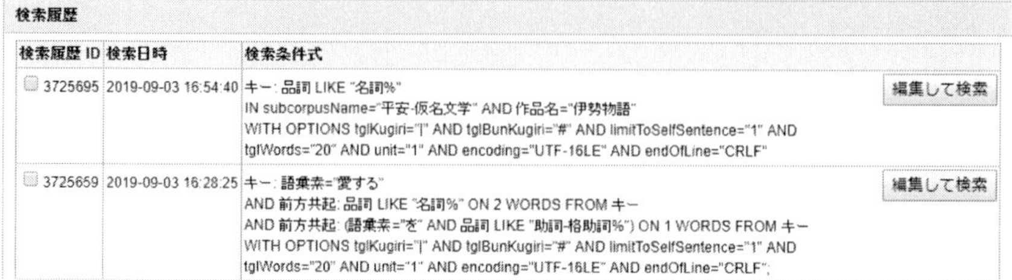

検索履歴

<table>
<tr><th>検索履歴 ID</th><th>検索日時</th><th>検索条件式</th><th></th></tr>
<tr><td>3725695</td><td>2019-09-03 16:54:40</td><td>キー: 品詞 LIKE "名詞%"
IN subcorpusName="平安-仮名文学" AND 作品名="伊勢物語"
WITH OPTIONS tglKugiri="|" AND tglBunKugiri="#" AND limitToSelfSentence="1" AND tglWords="20" AND unit="1" AND encoding="UTF-16LE" AND endOfLine="CRLF"</td><td>編集して検索</td></tr>
<tr><td>3725659</td><td>2019-09-03 16:28:25</td><td>キー: 語彙素="愛する"
AND 前方共起: 品詞 LIKE "名詞%" ON 2 WORDS FROM キー
AND 前方共起: (語彙素="を" AND 品詞 LIKE "助詞-格助詞%") ON 1 WORDS FROM キー
WITH OPTIONS tglKugiri="|" AND tglBunKugiri="#" AND limitToSelfSentence="1" AND tglWords="20" AND unit="1" AND encoding="UTF-16LE" AND endOfLine="CRLF";</td><td>編集して検索</td></tr>
</table>

図 8　記録されている検索履歴

表2　列の表示に示されるもの

分類	情報の種類	説明
コーパス情報	時代名	奈良、平安、鎌倉、室町、江戸、明治、大正、昭和の8つに分類。
	サブコーパス名	時代名とシリーズ名を組み合わせて「サブコーパス名」としてある。「江戸時代編 I 洒落本」など。
	サンプルID	時代（2桁)、文献略称、成立年（西暦4桁)、文献の中での通し番号（6桁)。「52-洒落1757_01005」など。
	開始位置	サンプル中の開始位置を示す数字。
	連番	単位の通し番号。
	コア	コアサンプルであるものに「1」、コアでないものに「0」。「コア」とは、精度100%近くまで人手修正されたデータ群。
形態論情報	前文脈	キーの前文脈。長さは、10語から300語の範囲で指定できる。
	キー	キーとして指定した語句の、短単位または長単位に切り出された出現形。
	後文脈	キーの後文脈。長さは、10語から300語の範囲で指定できる。
	原文KWIC	コーパス本文に整形する前の、原文KWIC。KWICとは、前文脈＋キー＋後文脈。検索結果画面では2行目に表示される。
	語彙素ID	語彙素ごとに付与される番号。語を一意に同定するのに役立つ。
	語彙素細分類	同音・同表記の別語を識別するために、必要に応じて付与されている情報。
	語形	語の形の基本形。「アソブ」「アスブ」などの変異形を問題にするときに使う。
	語形代表表記	語の形の基本形の代表的な表記。
	書字形	書かれた形。表記を問題にする場合に使う。
	仮名形出現形	仮名で書く場合の形。
	原文文字列	底本で書かれている形。原文の実態を研究する場合に使う。
	振り仮名	コーパス本文に振り仮名がついている場合の、振り仮名。
本文情報	本文種別	会話文、地の文、和歌などの区別。
	話者	会話文などの場合、その話者名や属性が表示される場合がある。
	文体	明治大正編における、文語体か口語体かの区別。
	歌番号	和歌集における和歌の例の、国歌大観番号。
作品情報	ジャンル	作品のジャンル。江戸時代までは文学ジャンルの別。明治時代以降は、文芸か否かや図書館十進分類番号が付与される場合がある。
	作品名	作品の名称。
	成立年	作品の成立年（西暦)。
	巻名等	作品の中を分ける名称。巻名や記事名など。
	部	ジャンルの中を細分した種類や、刊行地域など。
作者情報	作者	作者の名前。
	生年	作者の生年（西暦)。
	性別	作者の性別。
底本情報	底本	コーパスの底本の名称。
	ページ番号	当該例が掲載されている底本のページ番号。
その他	底本リンク	当該例が掲載されている底本の画像へのリンクが貼られている場合がある。
	参考リンク	底本以外の当該箇所の画像へのリンクが貼られている場合がある。

例えば、先に検索した、名詞＋格助詞「を」+「愛する」の検索式は、次のように記録されている（下線は引用者による）。

```
キー: 品詞 LIKE "名詞%"
AND 後方共起: (語彙素="を" AND 品詞 LIKE"助詞-格助詞%") ON 1 WORDS FROM キー
AND 後方共起: 語彙素="愛する" ON 2 WORDS FROM キー
WITH OPTIONS tglKugiri="|" AND tglBunKugiri="#" AND limitToSelfSentence="1" AND tglWords="20" AND unit="1" AND encoding="UTF-16LE" AND endOfLine="CRLF"
```

この検索式をもとに、「愛する」と同時に「恋いる」も検索する式にするには、下線部に手を加え、次のようにすればよい。

```
キー: 品詞 LIKE "名詞%"
AND 後方共起: (語彙素="を" AND 品詞 LIKE "助詞-格助詞%") ON 1 WORDS FROM キー
AND 後方共起: (語彙素="愛する" OR 語彙素="恋いる") ON 2 WORDS FROM キー
WITH OPTIONS tglKugiri="|" AND tglBunKugiri="#" AND limitToSelfSentence="1" AND tglWords="20" AND unit="1" AND encoding="UTF-16LE" AND endOfLine="CRLF"
```

7. ワイルドカード

「短単位検索」、「長単位検索」、「文字列検索」あるいは検索条件式による検索などで、検索する語句や文字列を入力する際、ある種の文字をまとめて検索できるように、「ワイルドカード」と呼ばれる特定の記号に、特別の意味を持たせて用いることができる。「中納言」で指定できるワイルドカードは、表3の通りである。

表3　「中納言」で利用できるワイルドカード

ワイルドカード	説明	入力例	短単位検索でのヒット例
%	0個以上の文字で構成される任意の文字列	愛%	「愛」「愛しい」「愛でる」「愛敬」など
_	任意の1文字	愛_	「愛敬」「愛欲」「愛着」「愛子」など
[]	指定した範囲またはセット内の任意の1文字	[妻片初] 恋	「妻恋」「片恋」「初恋」
[^]	指定した範囲またはセット内にない任意の1文字	思 [^ぁ-ヴ]	「思慮」「思案」「思考」など（「思う」「思い」などはヒットしない）

8. Excelによるデータ集計の例―『伊勢物語』の語彙の分析―

8.1 『伊勢物語』の全語彙のダウンロード

図1の画面中央寄りの「検索」ボタンの右には、「検索結果のダウンロード」というボタンがある。このボタンを押してダウンロードしたデータを、Excelで開き、集

計や分析を行うことで、日本語の歴史の研究データに高めていくことができる。その活用事例は、各章で豊富に展開してきたが、ここでは、『平安時代編』に含まれる『伊勢物語』の短単位の語彙頻度表を作成し、品詞別の高頻度語彙や語種構成などについて観察する事例によって、Excel による基本的な操作法を解説する。

ある検索対象の全語彙のデータを取得するには、7 で取り上げた、任意の 0 文字以上の文字列を指定するワイルドカード「%」(半角) を利用する。今回の事例では、「検索対象を選択」で、『平安時代編』に含まれる『伊勢物語』を選択し、「短単位検索」で「語彙素」に「%」を入力し、「検索結果をダウンロード」をクリックする。

8.2　ピボットテーブルによる語彙頻度表の作成

この操作によってダウンロードされたファイルを Excel で開き、上方のメニューから「挿入」→「ピボットテーブル」を選択して、分析や集計に用いるフィールドを選択する画面を表示する。その画面で、図 9 のように、「行」のボックスに分析したい情報を、「値」のボックスに個数を集計する情報をドラッグする。「行」にドラッグした、「語彙素 ID」は語を一意に同定する ID、「語彙素読み」「語彙素」は語別の頻度を分析するために必要な情報、「品詞」「語種」は、特定の品詞を抽出したり、語種構成を分析したりするために必要な情報である。分析目的によっては、ほかのフィールドを選択してもよい。「値」のボックスにドラッグするのは、その個数を数えるためのものなので、どのレコードにも入力があるフィールドであれば何を選んでもよく、ここでは最初のフィールドである「時代名」を選んである。「値」のボックスに「個数 / 時代名」とある「個数」は、プルダウンメニューから「値フィールドの設定」を選択すると設定できる。

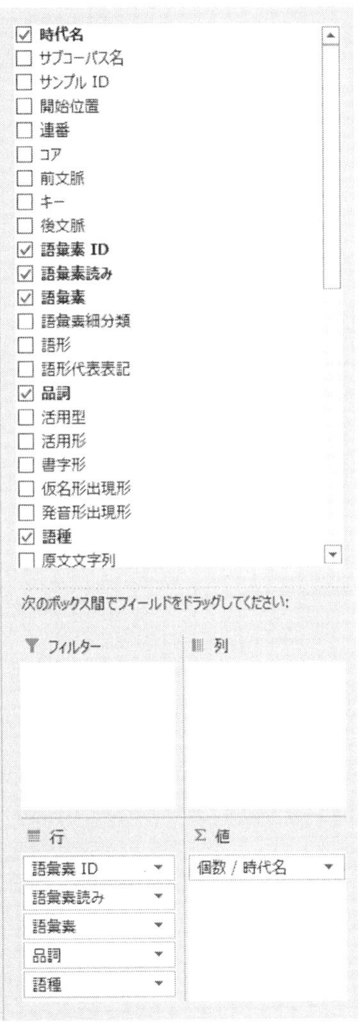

図 9　語彙頻度表作成のためのフィールドの設定

以上の操作によって集計ができるが、集計結果を見やすくするために、いくつかの操作を行う。まず、ワークシートのメニューから、「デザイン」→「レポートのレイアウト」を選択し、さらに「表形式で表示」と「アイテムのラベルをすべて繰り返す」を選択する。また、「小計」→「小計を表示しない」を選択する。その結果、図10のような、語彙頻度表が得られる。ピボットテーブルは、語彙頻度表に限らず、**3**で取り上げた形態論情報や、**5**で取り上げた種々の列に示される情報を集計するのに、非常に便利なものである。Excelによるコーパス分析の基本として活用されるべき機能である。

語彙素 ID	語彙素読み	語彙素	品詞	語種	個数 / 時代名
⊟23	⊟(空白)	⊟	⊟空白	記号	155
⊟24	⊟(空白)	⊟、	⊟補助記号-読点	記号	1462
⊟25	⊟(空白)	⊟。	⊟補助記号-句点	記号	506
⊟33	⊟(空白)	⊟「	⊟補助記号-括弧開	記号	57
⊟34	⊟(空白)	⊟」	⊟補助記号-括弧閉	記号	57
⊟79	⊟アイ	⊟相	⊟接頭辞	和	13
⊟168	⊟アイダ	⊟間	⊟名詞-普通名詞-副詞可能	和	3
⊟241	⊟アウ	⊟会う	⊟動詞-一般	和	46
⊟242	⊟アウ	⊟合う	⊟動詞-非自立可能	和	3
⊟269	⊟アオイ	⊟青い	⊟形容詞-一般	和	1
⊟308	⊟アカイ	⊟赤い	⊟形容詞-一般	和	1
⊟328	⊟アカス	⊟明かす	⊟動詞-一般	和	2
⊟375	⊟アガル	⊟上がる	⊟動詞-一般	和	1
⊟382	⊟アキ	⊟秋	⊟名詞-普通名詞-副詞可能	和	16
⊟385	⊟アキカゼ	⊟秋風	⊟名詞-普通名詞-一般	和	2

図10　ピボットテーブルにより作成した『伊勢物語』の語彙頻度表（語彙素IDの順）

8.3　テーブルの編集

図10のような、ピボットテーブルで作成したワークシートには計算式が埋め込まれており、そのままではテーブルの編集が行いにくいので、ワークシート全体をコピーして、新しいワークシートを開き、メニューから「貼り付け」→「値の貼り付け」の操作を行うと、編集可能なテーブルを得ることができる。そのテーブルで、見出し行の「個数/時代名」を「頻度」に書き換え、この頻度の「大きい順」に並べ替え、最左列に「順位」の列を挿入して、10位までを示したのが、表4である。この表から、補助記号（句読点）と助詞・助動詞が上位を占めることがわかる。句読点は言語ではないと見たり、原文に記されていないものは集計に含めない扱いにしたりする場合は、これを削除したものにしてもよい。

このテーブルをもとに、Excelのフィルター機能を用いて、「品詞」欄が「名詞」で始まる（すなわち、品詞の大分類が「名詞」のもの）だけを抽出すると、表5のような、頻度順名詞リストをつくることができる。

動詞や形容詞など、ほかの品詞についても同様の調査ができ、品詞情報の中分類、

表4 『伊勢物語』の語彙における頻度上位10語

順位	語彙素ID	語彙素読み	語彙素	品詞	語種	頻度
1	24	(空白)	、	補助記号-読点	記号	1462
2	28989	ノ	の	助詞-格助詞	和	866
3	11228	ケリ	けり	助動詞	和	668
4	28178	ニ	に	助詞-格助詞	和	555
5	24874	テ	て	助詞-接続助詞	和	545
6	25	(空白)	。	補助記号-句点	記号	506
7	25826	ト	と	助詞-格助詞	和	360
8	41407	ヲ	を	助詞-格助詞	和	312
9	28039	ナリ	なり	助動詞	和	293
10	30503	バ	ば	助詞-接続助詞	和	261

表5 『伊勢物語』の名詞における頻度上位10語

順位	語彙素ID	語彙素読み	語彙素	品詞	語種	頻度
1	5063	オトコ	男	名詞-普通名詞-一般	和	197
2	31500	ヒト	人	名詞-普通名詞-一般	和	181
3	37012	ムカシ	昔	名詞-普通名詞-副詞可能	和	151
4	5456	オンナ	女	名詞-普通名詞-一般	和	130
5	12836	コト	事	名詞-普通名詞-一般	和	57
6	37875	モノ	物	名詞-普通名詞-サ変可能	和	57
7	12615	ココロ	心	名詞-普通名詞-サ変可能	和	52
8	37818	モト	下	名詞-普通名詞-副詞可能	和	44
9	3181	ウタ	歌	名詞-普通名詞-一般	和	37
10	10282	クニ	国	名詞-普通名詞-一般	和	37

小分類を使えば、より細かいレベルでの品詞別語彙調査も可能である。品詞のほか、語種も同じように指定して調査を行うことができる。

8.4　語種構成比率の調査

『伊勢物語』の語種構成を調査するには、語彙頻度表のテーブルから、図11、図12のようにして、新たなピボットテーブル作成を行う。それぞれの右下の「値」のボックスに指定する「頻度」の集計方法は、延べ語数の場合は「合計」を、異なり語数の場合は「個数」を指定する。

上記の操作によって得られたテーブルをもとに、日本語学では通常「語種」に扱わない「固」（固有名詞）や「記号」を除いた、「和語」「漢語」「混種語」の数値について、その実数と比率を整理すると、表6のようになる。延べ語数でも異なり語数でも、90％以上の高率を和語が占め、特に、延べ語数では98.6％というきわめて高い比率であることがわかる。

図 11　延べ語数による語種集計のためのフィールド選択

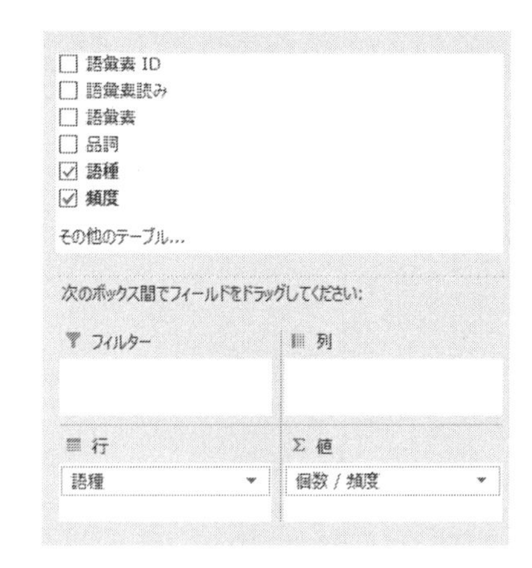

図 12　異なり語数による語種集計のためのフィールド選択

表 6　『伊勢物語』の語種別統計

	延べ語数		異なり語数	
	実数	比率	実数	比率
和語	13437	98.6%	1439	93.3%
漢語	171	1.3%	91	5.9%
混種語	17	0.1%	13	0.8%
計	13625	100.0%	1543	100.0%

8.5　ほかの語彙調査との比較

以上、『伊勢物語』の語彙調査の事例を示したが、ほかの作品での調査も行って、相互に比較し、作品間の共通点や相違点を見ることで、日本語の歴史を考えることにつながる興味深い事実を見出すことができよう。また、より広い視点から、時代別の語彙調査を行って相互に比較したり、より細かい視点から、地の文と会話文、和歌と散文など、本文種別の間で比較したりすることも考えられる。

9.　おわりに

この付録では、「中納言」と Excel によって、『日本語歴史コーパス』を検索し、検索によって得たデータを集計する、基本的な手順を解説してきた。その解説を通して、『日本語歴史コーパス』の構造や特徴についても、できるだけ示してきたつもりである。一方、『日本語歴史コーパス』に含まれる文献の性質は多様であり、その多様性に対応するための複雑な構造や、詳細に定められているデータ処理の規則については、言及できなかったところも多い。『日本語歴史コーパス』を利用する際に生じる疑問点や、より詳細な利用方法については、『日本語歴史コーパス』の公式サイトに示してある、各種規程集や、『日本語歴史コーパス』を用いた研究業績一覧（https://pj.ninjal.ac.jp/corpus_center/chj/list.html）に示される、本コーパスの設計や構築に関する論文・報告書類を参照してほしい。

索　　引

欧　文

ア　行

カ　行

サ 行

タ 行

ナ 行

著者紹介

（）内は担当章

編著者

田中牧郎（たなか まきろう）　明治大学国際日本学部教授　（第1章、第7章、付録）

東京工業大学大学院社会理工学研究科博士後期課程修了、博士（学術）

専門は日本語学。コーパスを活用した現代語彙の研究や、語彙の歴史の研究を行っているほか、言語問題の把握や国語教育に資する語彙研究に取り組んでいる。

主な著書　『コーパスと国語教育』（編著、朝倉書店、2015年）、『コーパスと日本語史研究』（共編著、ひつじ書房、2015年）、『近代書き言葉はこうしてできた』（岩波書店、2013年）

著者

鴻野知暁（こうの ともあき）　東京大学大学院人文社会系研究科助教　（第2章）

東京大学大学院総合文化研究科博士後期課程修了、博士（学術）

専門は日本語文法史。係り結びの構文現象の解明に取り組み、近年はコーパスを活用した日本語研究を行うことを試みている。

主な論文　「逆接句を構成するコソの係り結びとその周辺」（博士学位論文、2016年）、「上代日本語の複合動詞の項構造について—二つの内項を取る場合を中心に—」（『言語・情報・テクスト』25、2018年）、「接頭辞「御」の係る範囲について」（『むらさき』56、2019年）

須永哲矢（すなが てつや）　昭和女子大学人間文化学部准教授　（第3章）

東京大学大学院人文社会系研究科博士課程単位取得満期退学、修士（文学）

専門は古典語コーパス。コーパスを活用した国語教育に取り組んでいる。

主な著書　『新しい古典・言語文化の授業—コーパスを活用した実践と研究—』（共著、朝倉書店、2019年）

池上　尚（いけがみ なお）　埼玉大学教育学部准教授　（第4章）

早稲田大学大学院教育学研究科博士後期課程修了、博士（学術）

専門は日本語学（日本語史・語彙論）。感覚・感情語彙の意味変化を中心に語彙史の研究を進めている。

主な著書／論文　『新しい古典・言語文化の授業—コーパスを活用した実践と研究—』（共著、朝倉書店、2019年）、「水クサイの意味変化—水ッポイとの共存過程から考える—」（『日本語の研究』10-2、2014年）

渡辺由貴（わたなべゆき） 名古屋女子大学文学部講師 （第5章）
早稲田大学大学院文学研究科博士後期課程修了、博士（文学）
専門は日本語史。文末表現や複合辞の研究に取り組んでいる。
主な論文／著書 「文末表現「と思ふ」と「とおぼゆ」の史的変遷」（『日本語文法』15-2、2015年）、『新しい古典・言語文化の授業―コーパスを活用した実践と研究―』（共著、朝倉書店、2019年）

市村太郎（いちむらたろう） 常葉大学教育学部准教授 （第6章）
早稲田大学大学院文学研究科博士後期課程修了、博士（文学）
専門は日本語学。近世〜現代日本語の副詞の研究と、歴史コーパスの構築に取り組んでいる。
主な論文 「副詞「ほんとうに」の展開と「じつに」「まことに」―近代語から現代語へ―」（『国文学研究』188、2019年）、「雑誌『太陽』『明六雑誌』における程度副詞類の使用状況と文体的傾向」（『日本語の研究』11-2、2015年）、「近世口語資料のコーパス化―狂言・洒落本のコーパス化の過程と課題―」（『日本語学（臨時増刊号・特集「日本語史研究と歴史コーパス」）』33-14、2014年）

コーパスで学ぶ日本語学
日本語の歴史　　定価はカバーに表示

2020年5月1日　初版第1刷
2023年3月25日　　第3刷

編　者　田　中　牧　郎
発行者　朝　倉　誠　造
発行所　株式会社　朝　倉　書　店
東京都新宿区新小川町6-29
郵便番号　162-8707
電　話　03(3260)0141
FAX　03(3260)0180
https://www.asakura.co.jp

〈検印省略〉

新日本印刷・渡辺製本

ISBN 978-4-254-51654-8　C 3381　　Printed in Japan